studio d A1

Deutsch als Fremdsprache

zusätzliche Stationen
zur Differenzierung, Wiederholung
und Erweiterung

studio d – Hinweise und Unterrichtstipps zu den Plus-Stationen

Was heißt *Plus*?

studio d A1 bietet Ihnen mit seinem Übungsteil, dem *Sprachtraining* (zusätzliches Arbeitsheft) und den mediengestützten Übungen mehr als ausreichend Material, um Ihre Kursteilnehmerinnen und Kursteilnehmer auf den A1-Test vorzubereiten. Wozu also ein Plus-Heft? Mit dem vorliegenden Bonusheft wollen wir Ihnen Material zur Verfügung stellen, mit dem Sie

– Texte und Übungen in einzelnen Einheiten oder Stationen ersetzen können durch Materialien, die konkreter auf die Lernsituation von Migrantinnen und Migranten bezogen sind oder auf solche Lernenden, die sich auf einen Deutschlandaufenthalt vorbereiten,

– in Intensivkursen einzelne Themen vertiefen können,

– die im Alltag zentralen produktiven Fertigkeiten zusätzlich trainieren können,

– in Ihrem Unterricht erfolgreich binnendifferenzierend arbeiten können.

Auf den letzten Punkt wollen wir an dieser Stelle vor allem eingehen. Die allgemeinen Hinweise zu grundlegenden Differenzierungsverfahren werden Ihnen die Arbeit mit dem Plus-Heft erleichtern.

Differenzierend arbeiten – die Plus-Stationen in der Übersicht

Die Stationen 1, 2, und 3 plus können alternativ oder zusätzlich zu den Stationen des Kursbuchs eingesetzt werden. Sie vertiefen das Übungsangebot zu den Fertigkeiten Lesen, Sprechen und Schreiben durch alltagsbezogene Texte und Gesprächsthemen. Das Materialangebot ist in drei Teile untergliedert:

1. **Deutsch ganz nah.** Hier bieten wir zusätzliche Texte aus dem Alltag verbunden mit Angeboten zum vertiefenden und systematischen Wortschatzlernen.

2. **Dialoge üben.** Erweitertes Übungsangebot mündlicher Routinen mit der Möglichkeit, Dialoge auch in Varianten zu üben.

3. **Deutsch lesen und schreiben.** Trainingsangebote zur schriftsprachlichen Alltagskommunikation.

Jede Station schließt mit einem Projektvorschlag, bei dem die Arbeit so verteilt werden kann, dass die KT ihre unterschiedlichen Stärken einbringen können.

Was heißt für uns Differenzierung?

Differenzierung heißt vor allem Flexibilität. Lernen ist immer ein individueller und sozialer Vorgang. Alle Lerner bringen unterschiedliche Lerngeschichten, -interessen und -potenziale mit in den Unterricht. Die einen Kursteilnehmer brauchen mehr Bilder, die anderen glauben, dass Lernen nur bei den Grammatikregeln anfängt und dort aufhört. Die gleiche Unterrichtszeit und das gleiche Lernmaterial für alle führen deshalb zu individuell sehr unterschiedlichen Ergebnissen. Als Lehrpersonen können wir zwar das Angebot an Lernmaterial und -zeit steuern, aber nicht den individuell verschiedenen Zeitpunkt, an dem unsere Kursteilnehmer Lernstoff aufnehmen und Regeln verstehen. Wie können wir damit umgehen? Zunächst gilt es, die individuellen Unterschiede zu akzeptieren und einen Unterricht anzubieten, der möglichst offen ist für verschiedene Lernwege, Lernzeiten und unterschiedliche Materialien, also flexibel. An dieser Stelle sind auch die Lehrwerkautoren gefragt.

Studio d bietet unterschiedliche Lernwege. Sie haben bei den meisten Einheiten die Möglichkeit, entweder stärker über Texte oder über Bilder in ein Thema einzusteigen. Sie können eine Regel früher oder erst nach einer Reihe von automatisierenden Übungen bewusst machen. Sie können das Video bereits beim Einstieg in die thematisch passenden Einheiten oder erst zur zusammenfassenden Wiederholung im Rahmen der Stationen einsetzen.

Differenzierende Wortschatzarbeit

Das Materialpaket des Lehrwerks studio d bietet bereits ohne dieses Plus-Heft eine Fülle von Differenzierungsmöglichkeiten. Die Stationen verstehen wir insgesamt als optionales Angebot, das auch im Zusammenhang mit der jeweiligen Einheit als Differenzierungsmaterial genutzt werden kann. Als weiteres Beispiel muss vor allem der Film erwähnt werden. Mit dem A1-Film haben wir Bilder und Übungen angeboten, die über das Lehrwerk hinausgehen. Hier nur ein Beispiel aus der Station 3 (KB): Die Szene „Auf dem Markt" bietet umfangreiches Standbildmaterial für eine erweiterte Wortschatzarbeit für diejenigen Kursteilnehmer, die mehr Wörter wollen und können.

Fast alle Szenen des Videos lassen sich auf diese Weise nutzen für eine Erweiterung der Themen des A1-Lehrwerks.

Im Plus-Heft ist jeweils die Aufgabe 1.2 eine Anregung zu einer offenen differenzierenden Wortschatzarbeit im Kurs. Wir nehmen dazu jeweils die Wortfelder auf, die in den vorangegangenen Einheiten geöffnet wurden.

Unterrichtstipp Sie können so vorgehen: Bringen Sie große Papierbögen und dicke Stifte mit. Fragen Sie zuerst die Kurteilnehmer, mit welchem Wortfeld sie arbeiten wollen, und teilen Sie den Kurs dann in Gruppen auf (max. 4 Pers. pro Gruppe). Die KT tragen weitere Wörter in „ihr" Wortfeld ein. Weisen Sie auf die Möglichkeit weiterer Untergruppen hin, z. B. bei Café: *Speisen und Getränke*. Die Gruppen stellen anschließend das Ergebnis im Plenum vor.

Alternative Lernstationen. Jede Gruppe (4–5 KT) arbeitet 10 Minuten an einem Lernplakat/Wortfeld. Dann wechseln sie zum nächsten Plakat und tragen die Wörter ein, die sie noch zusätzlich kennen. Auf diese Weise wird das Wortfeld erweitert. Zum Schluss werden die Plakate vorgestellt und unbekannte Wörter werden von denjenigen erklärt, die sie aufgeschrieben haben. Die Plakate sind damit gemeinsame Produkte, zu denen jeder beigetragen hat, was er/sie kann – genau das Grundprinzip von Differenzierung.

Grundprinzipien einer differenzierenden Wortschatzarbeit

– Alle lernen so viele Wörter, wie sie können.
– Nicht alle lernen die gleichen Wörter.
– Über eine allgemeine Grundlage hinaus lernen die KT nur die Wörter, die sie für nützlich halten.
– Diese Wörter suchen sie selbst aus und sichern sie schriftlich, z. B. in einer persönlichen „Wortschatzkartei".

Aufgabe 1.3 kann als Übergang von der Phase der Wortschatzarbeit zur 2. Phase der Dialogarbeit genutzt werden. Die KT können je nach Fähigkeit je einen Satz zum Foto sagen oder auch schon miteinander in einen Minidialog treten.

Differenzierende Dialogarbeit

Auch hier gilt das Grundprinzip der Differenzierung: Alle arbeiten gemeinsam am selben Thema, aber nicht alle machen das Gleiche, d. h. sie erarbeiten Dialoge unterschiedlicher Komplexität oder erhalten unterschiedliche Hilfen für ihre Arbeit.

Unterrichtstipps

– Die Dialoge enthalten ohnehin viele Vorgaben und wenig Lücken, bereiten Sie für schwächere KT ein Arbeitsblatt mit ausgefüllten Lücken vor. Auch flüssiges Ablesen ist ein gutes Dialogtraining.
– Die Teilnehmer trainieren die Dialoge immer in Partnerarbeit und sprechen dabei laut. Je mehr Vorgaben Sie machen, desto mehr trainieren Sie Flüssigkeit.
– Die freien Dialoge sind so angelegt, dass sie je nach persönlichem Lernstand komplexer und einfacher angelegt werden können. Die Lerner entscheiden selbst, je nach Lernstand.
– Bei freien Dialogen müssen Sie genügend Zeit zur Vorbereitung einplanen, um später eine flüssige Dialogwiedergabe zu ermöglichen.
– Nehmen Sie einen Dialog aus dem Kursbuch und lassen Sie die KT nach dem Modell im Kursbuch (z. B. Übung 12 auf S. 28) zusätzliche Karaoke-Übungen daraus herstellen.

Differenzierende Textarbeit

Das Textangebot der Plus-Stationen liegt etwas über dem Sprachniveau der meisten KT. Die KT sollten selbst entscheiden, welche Texte sie näher bearbeiten wollen.

Unterrichtstipp Textbuffet. Vergrößern und kopieren und Sie die ausgeschnittenen Texte und legen Sie die Texte auf einem „Buffet" aus, nach Möglichkeit ergänzt mit weiteren „lokalen" Texten aus Ihrer Stadt / Ihrer Schule. Die KT suchen sich zu zweit diejenigen Texte aus, die sie bearbeiten wollen. Das gemeinsame Schreiben von Texten fördert effektiv die Schreibfähigkeit, da sich jeweils mindestens zwei KT über den Textinhalt verständigen müssen. Bestehen Sie nicht auf individuelle Produkte, sondern fördern Sie das kollaborative Schreiben. Die Lerner werden allgemein formulierte Aufgaben („Schreibe eine Entschuldigung") immer ihrem eigenen Lernniveau anpassen. Achten Sie darauf, dass Schreibaufgaben auf diese Weise „kalibrierbar" sind.

Schlussbemerkung

Differenzierung bedeutet für uns, dass alle Kursteilnehmer ein akzeptables Ziel auf teilweise unterschiedlichen Wegen mit eventuell unterschiedlichen Materialien und Lernaufwand erreichen. Differenzierung heißt damit auch: Unterricht im Kursplenum mit dem gleichen Material und den gleichen Aufgaben für alle muss auf einen angemessenen Teil der zur Verfügung stehenden Zeit begrenzt werden. Wenn man auf einzelne Lernertypen und individuelle Lernwege eingehen will, sind Gruppen- und Partnerarbeit die wichtigsten Sozialformen des Unterrichts. Nur auf diese Weise können wir individuelle Lernprozesse steuern, Kursteilnehmern helfen und sie beraten.

1 Deutsch – ganz nah

Wie ist die Nummer?

Land	Rettungs-dienst	Polizei
Deutschland	112	110
Österreich	144	133
Schweiz	144	117

a

b

Deutsch lernen?
mit IH Berlin PROLOG!
☎ 030 - 7811076
www.prolog-berlin.com
International House Berlin PROLOG
Hauptstr. 23/24, 10827 Berlin (U7 Kleistpark)

c

Kaffeehaus „Café Central"
in Wien

d

e

f

Mietvertrag für Wohnräume
Herausgegeben vom Bund der Berliner Haus- und Grundbesitzervereine e. V.
Als unverbindliche Konditionenempfehlung angemeldet bei der Berliner Landeskartellbehörde

▸ Zwischen   Lars Waschkawitz   in   14089 Berlin   als
▸ vermietet   Katzwanger Steig 33   (Ort, Straße)
▸ und   Andrea Dunkel   (Ort, Straße)   geb. am   25.08.6
                    (Vor- und Zuname, Beruf)   geb. am
▸ beide zur Zeit wohnhaft in   10825 Berlin, Heylstr. 9
wird vorbehaltlich einer eventuell erforderlichen behördlichen Genehmigung folgender Mietvertrag geschlossen:

§ 1 Miträume
▸ 1. Vermietet werden in dem Haus   Blücherstr. 33 D in 10961 Berlin
folgende Räume:

g

WOHNUNGEN

ab 3,5 Zimmer / Häuser

Schöne, helle 4-Zi-Whg im
Süden von Berlin, AB, 105 qm,
ca. 800 Euro warm, ZH, 1. OG,
ab 01.10.08 zu vermieten, Tel:
0160/6125982

Norden

h

Westen ✦ Osten

Süden

e

1 Sehen Sie sich die Bilder an und ordnen Sie sie den Themen zu.

Café – Stadt – Sprache – Wohnung

Bild a passt zu Stadt.

Bild b ist ein Umzug und gehört zu ...

Das „Augustiner" in der Neuhauser Straße in München

Getränke

LUSTHAUS
WIEN

Heißes

Kleiner Mocca/Brauner	
Großer Mocca/Brauner	2,00 €
Portion Tee	3,30 €
(Darjeeling, Earl Grey oder China grün)	
Kräutertee	3,30 €
Hausgemachte heiße Schokolade mit Schlag	3,60 €

Alkoholfreies

Apfel-/Orangensaft	2,20 €
Apfel-/Orangensaft gespritzt	1,70 €
Marillennektar	2,20 €
Soda	1,20 €
Soda Zitrone oder Himbeer	1,50 €
Coca Cola	2,20 €
Almdudler	2,20 €

Ein Umzug
ist stressig. Aber die
Wohnung ist schön.

b

2 Sammeln Sie Wörter.

trinken

Café

der Tee

Türkisch — Sprache

sprechen

Stadt

westlich von

der Umzug

Wohnung

das Zimmer

3 Was wir sagen können. Arbeiten Sie zu dritt. Person A nennt ein Bild.
Person B sagt einen Satz. Person C ergänzt noch einen Satz.

Foto d

Ich möchte zahlen, bitte.

Foto c

Ich spreche Türkisch und
ein bisschen Deutsch.

Wien liegt im Norden
von Österreich.

Ich mache einen
Deutschkurs.

2 Dialoge üben

1 **Pjotr und Ayşe lernen sich kennen.** Sehen Sie sich die Bilder an
und lesen Sie zu dritt (■ = Pjotr, ◆ = Ayşe, ● = Kellner/in).

■ Hallo – lernen Sie auch Deutsch?
◆ Wie bitte, Deutsch? Ja, morgen beginnt mein 2. Kurs.
■ Das ist auch mein Kurs. Ich heiße Pjotr Mukmenov.
◆ Und ich bin Ayşe Celim.
■ Schön. Gehen wir ins Café?
◆ Ja, gern.

■ Wie war Ihr Name?
◆ Ayşe Celim. Aber sagen wir doch „du", okay?
■ Gern, Ayşe, ich bin Pjotr.
◆ Pjotr. Kommst du aus Polen?
■ Nein, aus Russland. Und du?
◆ Aus der Türkei.

● Was möchten Sie trinken?
◆ Einen Schwarztee.
● Und Sie?
■ Einen Kaffee, bitte.

◆ Pjotr, du kommst aus Russland?
  Und woher kommst du? Aus Moskau?
■ Nein, aus St. Petersburg.
◆ Wo liegt das denn?
■ Nördlich von Moskau. Warst du schon einmal
  in Russland?
◆ Ja, in Moskau, aber nur zwei Tage.
  Das war super!

◆ Wie ist der Kaffee?
■ Oh, sehr gut. Und wie ist dein Tee?
◆ Auch gut. Sag mal, hast du hier schon eine Wohnung?
■ Ich habe ein Zimmer. Nicht teuer, aber auch nicht sehr groß. Ist aber okay.
  Und du?
◆ Ich habe eine Wohnung mit Balkon. Sie ist klein, aber schön.

◆ Wir möchten bitte zahlen.
● Zusammen oder getrennt?
■ Zusammen.
● Das macht 5 Euro 50.
■ 6 Euro.
● Danke.
◆ Danke für den Tee, Pjotr.
■ Bitte, bitte.
◆ Also dann, bis morgen.
■ Tschüss. Bis morgen im Kurs. Sag mal, hast du
  Telefon …?

2 Und jetzt Sie!

a) Variieren Sie den Dialog: andere Namen, Orte, Getränke und Preise.

b) Spielen Sie den Dialog.

3 Redemittel systematisch. Sammeln und ergänzen Sie.

jemanden begrüßen

Hallo. / Grüß dich. / ... / Ⓐ Servus! Grüß Gott! / ⒸⒽ Salü/Grüezi!
Wie geht's?

sich kennen lernen

Wie heißen Sie / Wie heißt du?	*Ich heiße / Ich bin ...*
Woher ... / Wo ...	*Ich komme aus ... / Das ist ...*
Waren Sie / Warst du ...	*Ich war ...*
Welche Sprachen ...?	*Ich spreche ...*

Sprache im Café

Was möchten Sie / möchtest du ...?	*Zwei Kaffee bitte!*
Was nehmen Sie / nimmst du?	
Wir möchten bitte zahlen.	*Zusammen oder getrennt? Das macht ...*

über seine Wohnung sprechen

Wie finden Sie / findest du ...	*Ich finde ... schön.*
Meine Wohnung ist ... / hat ...	

sich verabschieden

Auf Wiedersehen. / ...
Ⓐ Servus / ⒸⒽ Auf Wiederluege.

4 Pjotr ruft Ayşe an. Spielen Sie den Dialog.

■ Hallo, hier ist ...

✦ Oh, hallo Pjotr. Wie ...

■ Danke gut. Gehen wir morgen ...?

✦ Sehr gern. Bis ...

■ Tschüss.

3 Deutsch lesen und schreiben

1 Die neuen Bürger

a) Sehen Sie sich die Grafiken an und lesen Sie den Text. Was ist ein „neuer Bürger"? Kennen Sie die *Fachbegriffe*?

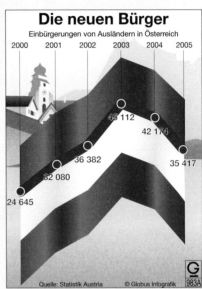

Wer acht Jahre in Deutschland lebt und eine *unbefristete Aufenthaltserlaubnis* hat, kann *deutscher Staatsbürger* werden und bekommt einen *deutschen Pass*. Dann ist er oder sie *eingebürgert*. Das waren im Jahr 2004 fast ein Drittel der Ausländer in Deutschland.

Auch in Österreich gibt es jedes Jahr „neue" Österreicher aus insgesamt 138 Ländern. Die größte Gruppe ist auch hier aus der Türkei.

b) Und Sie? Ergänzen Sie.

Ich lebe in .... Ich bin *Staatsangehörige/r* von .... Ich habe eine Wohnung / ein Haus in .... Ich gehe nach .... /

Ich bleibe in ....

2 Wohnungsanzeigen und Abkürzungen

a) Lesen Sie die Anzeige. Ordnen Sie zu.

> Frankfurt-Bornheim: 3ZKB, Gäste-WC, 3. OG, 78 m², ZH, ruhige und zentrale Lage, AB, PKW-Stellpl., Top-Zustand, 800 € + NK, KT 3 Monatsmieten, Tel. 0176/1576104

ZH **1**

Gäste-WC **2**

KT **3**

AB **4**

3. OG **5**

NK **6**

PKW-Stellpl. **7**

a Die Wohnung liegt im **dritten Stock**.

b Es gibt einen **Platz für Ihr Auto**.

c Sie kostet im Monat 800 € + **Nebenkosten** (Kosten für Wasser, Heizung usw.).

d Sie hat zwei **Toiletten**.

e Es ist eine **Altbauwohnung**.

f Man zahlt zwei oder drei Monatsmieten an den Vermieter. Dieses Geld heißt **Kaution**. Man bekommt das Geld später zurück.

g Die Wohnung hat **Zentralheizung**.

b) Beschreiben Sie die Wohnung. Die Sätze a–g in Aufgabe a) helfen.

Frankfurt-Fechenheim: 2ZKB, 2. OG, 60 m², Gasheizung, kleiner Blk, Neubau, 520 € + NK, KT 2 Monatsmieten, Garage: 30 €/Monat

Die Wohnung hat zwei Zimmer, eine Küche und ein Bad. ... Sie liegt im zweiten ...

4 Ein Kursprogramm verstehen

a) Lesen Sie die Anzeigen und suchen Sie für Claudine, Pavel und Jasmin den passenden Kurs.

1. **Claudine** lernt Deutsch, versteht aber den Akkusativ nicht gut.

   Kurs Nummer: ....

2. **Pavel** lernt Deutsch, hat aber Probleme mit dem Schreiben.

   Kurs Nummer: ....

3. **Jasmin** lernt Deutsch, hat aber Probleme mit dem **ü** und **ö** und den **sch-** und **ch-**Lauten.

   Kurs Nummer: ....

Deutsch lernen
an der Volkshochschule.

Aussprachetraining (A1)

In kleineren Gruppen üben Sie einzelne Laute und verbessern Ihre Aussprache.
Kursnummer 2035-44
Mi. 09.00–12.00 Uhr, 6x

Grammatik (A1–A2)

Sie wiederholen die Grammatikthemen der Grundstufe. Zusatzkosten für Kopien.
Kursnummer 2035-76
Mi. 09.00–12.00 Uhr, 6x

Schreibtraining (A1–A2)

Viel Textarbeit und schriftliche Übungen in kleinen Gruppen.
Kursnummer 2035-88
Mo. 18.00–21.00 Uhr, 6x

b) Helfen Sie Jasmin und füllen Sie das Anmeldeformular für sie aus.

Jasmin Mottaki wohnt in Frankfurt, in der Wiesenstraße 10. Die Postleitzahl ist 60385. Sie hat keine E-Mail-Adresse. Im Iran war sie Sekretärin.

Ich melde mich für folgenden Kurs an:

Kursnummer	....
Familienname	Vorname ....
Straße	....
PLZ/Wohnort	....
Telefon	*069 / 45 88 72* E Mail ....
Beruf	....

5 Projekt: Mein Deutschkurs. Machen Sie ein Poster zu Ihrem Deutschkurs.

Wo lernen Sie Deutsch? (Stadt/Schule) / Wie sieht Ihre Schule, Ihr Kursraum aus? Wer ist im Kurs? Woher kommen die Leute? Hobbys? Interessen? Fotos? Was gefällt Ihnen? Was machen Sie gern ☺, nicht so gern ☹?

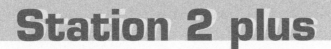

1 Deutsch – ganz nah

1 **Themen.** Sehen Sie sich die Bilder an und ordnen Sie sie den Themen zu.

Orientierung – Beruf – Termine – Büro

Bild e passt zu Orientierung.

Bild b kann ... sein.

Nein, für mich gehört b zu ...

Pizza 24 in Frankfurt am Main in der Friedensstraße 9 (U Willy-Brandt-Platz), sucht ab sofort
motivierte Mitarbeiter (m/w) zur Auslieferung.
Voraussetzungen sind ein eigenes Fahrzeug (Auto
oder Moped/Motorrad), Führerschein und Flexibilität. Wir suchen Fahrer (m/w) für alle drei Schichten: nachmittags, abends und nachts. Verdienst:
5 Euro/Stunde + Trinkgeld. Keine Bewerbungsunterlagen notwendig. Interessenten bitte anrufen:
Gerhard, Telefon: 0174/16789992.

h

Jobben bei DIDICATERING
**Verkaufen, Grillen
und Servieren**
bei Sportveranstaltungen, Shows und
Konzerten als kurzfristige Beschäftigung.
Wir freuen uns auf Ihren Anruf.
Tel.: 0852/6634588
Mo. – Fr. von 9.00 – 13.00 Uhr

i

j

BÜRGERBÜRO
DER STADT ESCHWEILER
Öffnungszeiten
Montag – Freitag   08.00 – 12.00 Uhr
Dienstag – Donnerstag 08.00 – 18.00 Uhr

k

l

2 **Wortfelder.** Sammeln Sie Wörter und Wortgruppen.

Beruf — die Kellnerin — Orientierung — der Stadtplan — rechts

Kalender — sich verabreden

Termine — um 13 Uhr — telefonieren

Büro — Kopierer — Computer

3 **Was wir sagen können.** Arbeiten Sie zu dritt. Person A nennt ein Bild. Person B
sagt einen Satz. Person C ergänzt noch einen Satz.

Bild e — Wie komme ich zum Bahnhof? — Zuerst gehen Sie geradeaus.

Bild i — Ich habe keinen Computer. — Du musst die Datei speichern.

2 Dialoge üben

1 **Pizzabote gesucht.**
Lesen Sie die Anzeige
und machen Sie
Notizen. Arbeiten Sie
mit dem Wörterbuch.

Arbeitszeit	Bezahlung	Voraussetzungen
		eigenes Fahrzeug

Pizza 24 in Frankfurt am Main in der Friedensstraße 9 (U Willy-Brandt-Platz),
sucht ab sofort motivierte

Mitarbeiter (m/w) zur Auslieferung.

Voraussetzungen sind ein eigenes Fahrzeug (Auto oder Moped/Motorrad),
Führerschein und Flexibilität. Wir suchen Fahrer (m/w) für alle drei Schichten:
nachmittags, abends und nachts. *Verdienst:* 5 Euro/Stunde + Trinkgeld.

Keine Bewerbungsunterlagen notwendig.
Interessenten bitte anrufen: Herr Gerhard, Telefon: 01 74 / 16 78 99 92.

2 **Das Telefongespräch. Sie möchten die Stelle. Sie können nur abends arbeiten.
Tagsüber sind Sie im Deutschkurs.**

a) Sammeln Sie Fragen.

Wie viele Stunden?
Von wann bis …?
Wann anfangen?

> *Hallo. Mein Name ist …
> Ist die Stelle noch frei?*

**b) Sie telefonieren und machen einen Termin. Ergänzen Sie den Dialog und spielen
Sie zu zweit.**

Herr Gerhard	Sie
■ Pizza 24. Gerhard. ⟶	◆ Guten Tag. ....
	....
■ Ja, sie ist noch frei. ⟶	◆ ....
■ Abends, von 20 bis ca. 24 Uhr. ⟶	◆ ☺ ....
■ Können Sie zu einem Gespräch kommen? ⟶	◆ ....
■ Geht es am Montagmittag? ⟶	◆ Mittags kann ich leider nicht. Ich habe von … bis … einen Deutschkurs.
■ Gut, dann um … Uhr? ⟶	◆ Ja, gern. Adresse? Friedensstraße 9?
■ Ja, genau. Also bis Montag. ⟶	◆ Auf Wiederhören.

3 **Auf dem Weg zur Friedensstraße.** Sie sind am Hauptbahnhof und fragen einen Passanten nach dem Weg. Üben Sie im Kurs.

Entschuldigung,	wie komme ich zur ...straße? / zum ... Platz? ich suche ... wo ist ... ? wo geht es zur/zum ... ?	Gehen Sie rechts/links/geradeaus. Dann die erste/zweite/ ... Straße links/rechts/geradeaus. ... bis zur Kreuzung / zum U-Bahnhof. Danach an der/dem ... vorbei.

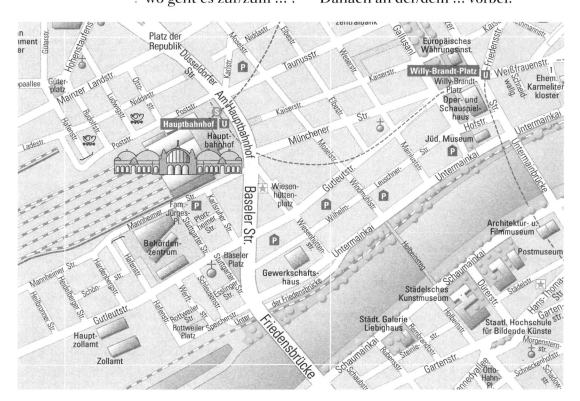

4 **Nach dem Weg fragen.** Spielen Sie weitere Dialoge.

Ziele:
Oper- und Schauspielhaus – Willi-Brandt-Platz – Postmuseum – Behördenzentrum

5 **Gespräch mit Herrn Gerhard.** Sie haben einen Führerschein und ein Moped. Ergänzen Sie den Dialog in Ihrem Heft und spielen Sie ihn im Kurs vor.

■ Guten Tag, wie war Ihr Name?
◆ ...
■ Sind Sie schon lange in Deutschland?
◆ ...
■ Woher kommen Sie?
◆ ...
■ Haben Sie einen Führerschein?
◆ ...
■ Und auch ein Auto?
◆ ...
■ Ein Moped ist auch gut. Wann können Sie anfangen?
◆ ...

■ Gut, dann sehen wir uns morgen Abend um 19 Uhr?
◆ ...
■ Bis 24 Uhr.
◆ ...
■ 10 bis 15 Stunden pro Woche.
◆ ...
■ 5 Euro die Stunde. Und dann bekommen Sie von den Kunden auch noch Trinkgeld. Das ist für Sie.
◆ ...
■ Bis morgen.
◆ ...

3 Deutsch lesen und schreiben

1 Papierkram.
Markieren Sie im Text die Namen der Papiere.

Alle Eintragungen in der Lohnsteuerkarte genau prüfen!

Lohnsteuerkarte 2007
Gemeinde
Berlin
Finanzamt und Nr.
FA Friedrichshain/Prenzlauer Berg   1131
Bezirksamt Pankow von Berlin
- Bürgerämter - Postfach 730 113, 13062 Berlin

Herrn
Hofmann, Michael
Etage 4 Li
Metzer Str. 54
10405 Berlin Pankow

b

Kirchensteuerabzug
--
(Datum)
20.09.2006

Freie Universität Berlin,
FB Germanistik, Habelschwerdter Allee 45, 14195 Berlin

Zertifikat
über die erfolgreiche Teilnahme am
Studiengebiet 'Deutsch als Fremdsprache'

Frau/Herr   Andrea Dunkel

hat im Rahmen des Studiums
- im Fach Deutsch (Lehramtsstudiengänge)
- im Hauptfach/Nebenfach Linguistik / Ältere deutsche Literatur und Sprache / neuere deutsche Literatur (Magisterstudiengang)

c an den Lehrveranstaltungen des Studiengebiets 'Deutsch als Fremdsprache' erfolgreich teilgenommen.

Bewohner-Parkausweis   **d**
In der Zone   26
3-HS 884
A0397419
gültig bis   31.10.08

Ämter und Behörden

In vielen Städten und Gemeinden gibt es ein **Bürgerbüro**[1]. Manchmal heißt es auch Bürgeramt oder Bürgerservice.

Im Bürgerbüro können Sie
– Ihre neue Wohnung anmelden;
– Lohnsteuerkarten bekommen;
– Personalausweise, Reisepässe und Kinderausweise beantragen;
– einen Parkausweis beantragen;
– Zeugnisse und andere Dokumente beglaubigen.

Im Bürgerbüro bekommen Sie auch viele Informationen, z. B. zu den Angeboten der VHS oder Vordrucke für Ihre Steuererklärung. Die gibt es natürlich auch beim **Finanzamt**[2]. Für Eheschließungen und die Anmeldung von Geburten müssen Sie aber das **Standesamt**[3] besuchen. Sie suchen Arbeit? In der **Agentur für Arbeit**[4] kann man Sie bei einem persönlichen Termin beraten.

Hat man eine neue Wohnung, muss man sie bei den Behörden anmelden. Anmeldeformulare (sogenannte „Meldebögen") gibt es im Bürgerbüro. Die Lohnsteuerkarte bekommt der Arbeitgeber (Ihr Chef). Die Steuern von Ihrem Bruttogehalt gehen automatisch jeden Monat an das Finanzamt.

Ⓐ In Österreich gibt es keine Lohnsteuerkarten.
Das Bürgerbüro heißt Meldeamt (in Wien: Magistratisches Bezirksamt).

a) Welche Papiere brauchen Sie? Ordnen Sie zu.

1. Sie haben eine Arbeit gefunden. Die ▮ bekommt der Arbeitgeber.
2. Sie haben ein Auto, aber in Ihrer Straße braucht man zum Parken einen ▮.
3. Sie waren an der Universität und müssen Ihren Abschluss nachweisen. ▮
4. Sie möchten mit Ihrem Kind verreisen. ▮

b) Zu welcher Behörde gehen Sie? Ordnen Sie zu.

a) ▮ Sie möchten heiraten.
b) ▮ Sie suchen eine Arbeit.
c) ▮ Sie wollen Zeugnisse beglaubigen lassen.

2 Wichtige Wörter.
Sammeln Sie. Bilden Sie Paare.

Behörden	Papiere	Verben

eine Wohnung – anmelden

einen Ausweis – beantragen

3 Schreiben – Partnerdiktat

Sie sitzen Rücken an Rücken mit Ihrem Partner / Ihrer Partnerin. Diktieren Sie den Text abwechselnd. A beginnt. B macht weiter.

Ich arbeite jetzt als Pizzafahrer. .... ,   **A**

aber sie ist nicht immer leicht.

.... , aber manchmal gibt es einen Stau.

.... ich bekomme viel Trinkgeld.

.... Von 21.30 bis 22 Uhr habe ich Pause.

.... Dann habe ich wenig Zeit für Ina.

....

Das mag sie nicht.

.... Manchmal arbeite ich auch am Wochenende.

.... Meistens arbeite ich von 19 bis 24 Uhr.

.... Die Kunden sind meistens sehr freundlich und

.... Ich muss sehr schnell sein,

.... Die Arbeit macht Spaß,   **B**

4 Projekt: Am Wochenende. Was kann man in Ihrer Stadt machen? Arbeiten Sie in Gruppen. Wählen Sie einen Ort, besuchen Sie ihn und machen Sie Notizen. Vielleicht können Sie auch Fotos machen. Stellen Sie Ihren Ort im Kurs vor.

Wir waren im Zoo.

Er ist nicht weit / gegenüber vom / von der ... /

Die Öffnungszeiten sind ...

Man kann dort viel sehen.

Zoo Frankfurt

Ein Platz für Tiere und Menschen.
A place for animals and people.

 Internettipp

www.meinestadt.de ist eine Internetseite für über 12 000 Städte in Deutschland. Hier bekommen Sie viele Informationen zu Ihrer Stadt.

1 Deutsch ganz nah

Kipferl

Man nehme

25 Deka	Butter
10 Deka	Staubzucker
1 Päckchen	Vanillinzucker
3	Eidotter
30 Deka	Mehl
1 Päckchen	Backpulver
	Johannisbeergelee
	Schokoglasur

Arbeitsunfähigkeits-
bescheinigung
zur Vorlage bei der Krankenkasse

| AOK | LKK | BKK | IKK | VdAK | AEV | Knappschaft |

Bei verspäteter Vorlage droht Krankengeldverlust!

Name, Vorname des Versicherten   geb. am

Kassen-Nr.   Versicherten-Nr.   Status

Vertragsarzt-Nr.   VK gültig bis   Datum

☐ Erstbescheinigung   ☐ Folgebescheinigung

☐ Arbeitsunfall, Arbeitsunfall-   ☐ Dem Durchgangsarzt
  folgen, Berufskrankheit   zugewiesen

Arbeitsunfähig seit

Voraussichtlich arbeitsunfähig
bis einschließlich

Festgestellt am   Vertragsarztstempel / Unterschrift des Arztes

                                  ☐ sonstiger Unfall,
                                     Unfallfolgen
Diagnose
                                  ☐ Versorgungsleiden (BVG)

---

1 **Themen.** Sehen Sie sich die Bilder an und ordnen Sie sie den Themen zu.

Krankheit – Wetter – Einkauf

Bild a gehört zu Krankheit.

Bild b ist ein
Regenbogen und gehört zu ...
Er hat viele Farben: ...

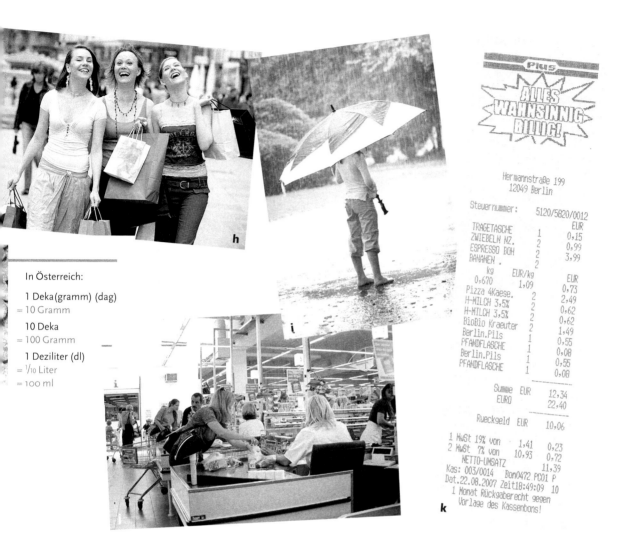

In Österreich:

1 Deka(gramm) (dag)
= 10 Gramm

10 Deka
= 100 Gramm

1 Deziliter (dl)
= ¹/₁₀ Liter
= 100 ml

```
                        PIUS
                  ALLES
                 WAHNSINNIG
                   BILLIG!

                 Hermannstraße 199
                    12049 Berlin

      Steuernummer:    5120/5820/0012

      TRAGETASCHE       1        EUR
      ZWIEBELN NZ.      2       0,15
      ESPRESSO BOH      2       0,99
      BANANEN .         2       3,99
            kg    EUR/kg
          0,670    1,09          EUR
      Pizza 4Kaese      2       0,73
      H-MILCH 3,5%      2       2,49
      H-MILCH 3,5%      2       0,62
      BioBio Kraeuter   2       0,62
      Berlin.Pils       1       1,49
      PFANDFLASCHE      1       0,55
      Berlin.Pils       1       0,08
      PFANDFLASCHE      1       0,55
                        1       0,08

            Summe  EUR         12,34
            EURO                22,40

         Rueckgeld EUR         10,06

      1 MwSt 19% von    1,41   0,23
      2 MwSt  7% von   10,93   0,72
         NETTO-UMSATZ          11,39
      Kas: 003/0014  Bon0472 PC01 P
      Dat.22.08.2007 Zeit18:49:09  10
        1 Monat Rückgaberecht gegen
          Vorlage des Kassenbons!
```

---

2 **Wortfelder.** Sammeln Sie Wörter und Wortgruppen.

krank   *Regen*   *kochen*

Lebensmittel

(*Krankheit*)   (*Wetter*)   (*Einkauf*) — *billig*

Fieber   *Regenbogen*   *Kasse* —

---

3 **Was wir sagen können.** Arbeiten Sie zu dritt. Person A nennt ein Bild.
Person B sagt einen Satz. Person C ergänzt noch einen Satz.

Foto a   *Was fehlt dir?*   *Foto h*   *Ich habe ein T-Shirt gekauft.*

Mein Kopf tut weh.   *War es teuer?*

2 Dialoge üben

1 **Beim Notarzt.** Ordnen Sie die Bilder und ergänzen Sie den Dialog.

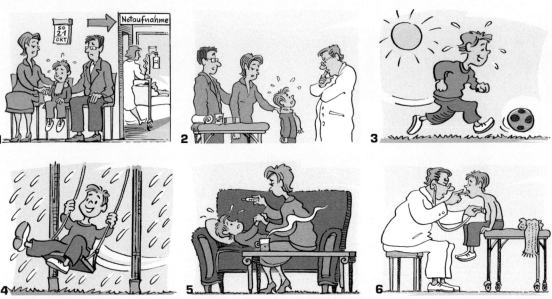

bekomme – gemessen – geöffnet – gespielt – geregnet – passiert – verschreibe – tun – trinken

Arzt:	Guten Tag. Frau Weber. Was kann ich für Sie ....¹? Ah, ich sehe schon, da ist ja unser Patient.
Sergej:	Mein Kopf tut weh.
Arzt:	Was ist denn ....²?
Frau Weber:	Sergej hat gestern den ganzen Tag draußen ....³. Zuerst war das Wetter schön, aber am Nachmittag hat es

...................................⁴. Ich glaube, Sergej hat eine Erkältung.

Arzt:	Hast du auch Halsschmerzen?
Sergej:	Ja, ich kann schlecht essen und trinken.
Arzt:	Und haben Sie Fieber ....⁵?
Herr Weber:	Vor einer Stunde hatte er 39,5.
Arzt:	Na, dann werden wir mal nachschauen. Sagst du mal aaah …? … Also, Sergej hat eine starke Erkältung. Der Hals ist ganz rot. Ich

...................................⁶ Ihnen einen Hustensaft und einen Saft gegen das Fieber. Sergej, du musst heute im Bett bleiben und viel schlafen. Du darfst nicht draußen spielen. Und geben Sie Sergej sehr viel zu

...................................⁷. Das ist wichtig.

Frau Weber:	Und wo ....⁸ ich am Sonntag die Medikamente?
Arzt:	Es gibt immer Apotheken in Bereitschaft, die sonntags

...................................⁹ sind. Fragen Sie am Empfang. Dort gibt es eine Liste.

Herr Weber:	Vielen Dank.
Arzt:	Bitte, bitte. Und gute Besserung.

2 Und jetzt Sie. Sie sind krank und gehen zur Notaufnahme. Variieren Sie den Dialog aus Aufgabe 1 und spielen Sie kleine Dialoge. Die Stichwörter helfen.

Patient/in

1. das Knie tut weh – Unfall mit dem Fahrrad – vom Rad gefallen

4. die Hand verbrannt – einen heißen Topf aus dem Backofen geholt

2. starke Rückenschmerzen – zu lange im Garten gearbeitet

5. den Fuß verstaucht – zu schnell die Treppe nach unten gelaufen

3. starke Bauchschmerzen – schlecht gegessen

6. Halsschmerzen, Fieber – zu lange durch den Regen gelaufen

Redemittel

Patient

Ich habe Kopfschmerzen.
Mein Knie tut weh.

Ich habe mich erkältet.
Ich hatte einen Unfall.
Ich habe meine Hand verbrannt.
Ich habe nicht aufgepasst.

Arzt

Was fehlt Ihnen?
Was ist passiert? / Wie ist es passiert?

Ich gebe Ihnen ein Rezept.
Ich verschreibe Ihnen Tabletten / eine Brandsalbe / eine Salbe gegen die Schmerzen.
Ich lege Ihnen einen Verband an.

Landeskunde

Sie werden nachts oder am Wochenende krank. Die Arztpraxis hat geschlossen. Was können Sie machen?
Sie können in jedes Krankenhaus gehen, zur *Ambulanz* oder *Notaufnahme*, oder den *Ärztlichen Notdienst* anrufen. Die Nummern finden Sie im Telefonbuch oder auch auf dem Anrufbeantworter des Hausarztes. Bei Notfällen können Sie auch die Nummer 112 anrufen. In Österreich gibt es die zentrale Notrufnummer 141, sie ist nachts von 19.00 bis 7.00 Uhr sowie an Wochenenden und Feiertagen besetzt.

3 Ilja hat eine Stelle als Küchenhilfe gefunden. Heute gibt es Kartoffelauflauf. Was sagt der Chef? Schreiben Sie je einen Satz mit dem Imperativ und einen Satz mit einem Modalverb wie im Beispiel.

1 die Auflaufform, die, -en
2 die Kartoffeln schälen
3 das Messer, die -
4 die Scheibe, -n

1 **2** **3** **4**

1. Kartoffeln – mit Schale – kochen

   Kochen Sie die Kartoffeln mit Schale.

   Sie müssen die Kartoffeln mit Schale kochen.

2. nicht – das große Messer – nehmen

   Nehmen Sie nicht das große Messer.

   Sie dürfen ....

   Nein!

3. Kartoffeln – in Scheiben – schneiden

   ....

   ....

4. nicht – ganze Scheiben Schinken – nehmen

   Nein!

   ....

   ....

   den Schinken – in Würfel – schneiden

   ....

   ....

5. nicht – den Käse – schneiden

   Nein!

   ....

   ....

6. die Küche – sauber machen

   ....

   ....

3 Deutsch lesen und schreiben

1 Winter in Deutschland

a) Lesen Sie die Texte und ordnen Sie die Überschriften zu.

1. ■ Kleider machen Leute?

2. ■ Januar 2005: Winterwetter erst zum Monatsende

3. ■ Mein erster Tag in Deutschland

Zum Monatsende bestimmen Eis und Schnee das Wettergeschehen. Weite Landesteile liegen unter einer Schneedecke. In den Hochla-gen von Harz, Erzgebirge und Bayerischem Wald wächst die Schneedecke auf über 150 Zentimeter an. Nur in den Alpen hat es schon vom 22. auf den 23. Januar über einen Meter Neuschnee gegeben. Vor allem in Süddeutschland erreichen die nächtlichen Minima Werte von minus 10 bis minus 15, am Alpenrand auch bis unter minus 20 Grad.

a

⇧ ▾ ⇩ ▾ 📧 Antworten 📧 Allen antworten 📧 Weiterleiten 🗑 🖨 🖂 🗑 📧 A̅ 📁 Posteingang ▾

Ich bin am 26. Januar 2005 in Frankfurt angekommen. Der Flughafen ist riesig und es war gar nicht so leicht den richtigen Ausgang zu finden. Aber das Personal am Flughafen war sehr nett und sie haben mir geholfen. Dann bin ich auf die Straße gegangen und es war schrecklich kalt. Der deutsche Winter kann so kalt sein! Minus 10 Grad sind hier ganz normal. Für einen Brasilianer, der auch im Winter im T-Shirt aus dem Haus geht, ein Schock!

b

... und dann war es Winter
und wir hatten alle nicht so viel Geld.
Wir hatten nur ziemlich große Männer-Winterjacken.
Mit dieser Jacke bin ich dann rumgelaufen. Aber die anderen
Studenten haben über mich gelacht und da habe ich mich sehr
schlecht gefühlt. Hier, wie vielleicht in Kenia auch, ist es sehr
wichtig, was man anzieht. Und auch wie man sich bewegt
und mit wem. Es ist sehr schwer, das alles
zu verstehen.

c

b) Sie möchten im Winter nach Deutschland, Österreich oder in die Schweiz fahren oder erwarten Ihren ersten Winter dort. Sie wollen sich nicht erkälten. Welche Kleidungsstücke brauchen Sie? Wofür? Machen Sie eine Liste.

Hände: Handschuhe
Ohren: ...

die Mütze

der Schal

die Handschuhe

Der Arztbesuch

Sie fühlen sich nicht gut? Sie brauchen einen Arzt oder eine Ärztin? Suchen Sie im Telefonbuch oder in den *Gelben Seiten* [1] unter „Ärzte". Dort finden Sie einen/eine *Hausarzt/-ärztin* [2] (*praktischen Arzt / Arzt für Allgemeinmedizin*) [3] in Ihrer Nähe und auch eine Liste der *Fachärzte (Augenärzte, Orthopäden, Hals-Nasen-Ohren-Ärzte usw.)* [4] Der Hausarzt kann Ihnen eine *Überweisung* [5] für den Facharzt geben. Sie können aber auch sofort zu einem Facharzt gehen.

Bei Ihrem ersten Arztbesuch brauchen Sie Ihre *Versichertenkarte* [6]. Sie müssen pro Vierteljahr eine *Praxisgebühr* [7] von 10 Euro bezahlen. Haben Sie von Ihrem Arzt eine Überweisung bekommen, müssen Sie die Gebühr nicht noch einmal bezahlen. Kinder und Jugendliche bis 18 Jahre sind von der Praxisgebühr befreit.

Aber ein Arzt kann nicht an einen *Zahnarzt* [8] überweisen (und umgekehrt). Besuchen Sie im gleichen Quartal einen Arzt und einen Zahnarzt, müssen Sie die 10 Euro zweimal zahlen.

Medikamente [9] gibt es nur in *Apotheken* [10]. Die meisten Medikamente verschreibt der Arzt. Er gibt Ihnen ein Rezept. Mit diesem Rezept gehen Sie in die Apotheke. Für die meisten Rezepte müssen Sie etwas bezahlen, z.B. eine Gebühr von fünf Euro pro Rezept. Haben Sie ein *geringes Einkommen* [11], kann die *Krankenkasse* [12] Sie von der *Zuzahlung* [13] befreien. Es gibt auch viele Medikamente ohne Rezept bei leichten Schmerzen, z.B. Aspirin. Diese müssen Sie selbst bezahlen.

a) Ordnen Sie Wörter aus dem Text den Erklärungen zu.

1. ▨ Das sind zehn Euro im Vierteljahr.
2. ▨ Telefonbuch mit Nummern und Adressen von Firmen, Geschäften und Behörden.
3. ▨ Mit diesem Papier gehe ich zum Spezialisten.
4. ▨ Ich bekomme sie von meiner Krankenkasse. Ohne sie läuft nichts.
5. ▨ Zum Beispiel Hustensaft oder Tabletten.
6. ▨ Nicht nur Kinder haben Angst vor ihm/ihr.
7. ▨ Dort gebe ich mein Rezept ab und bekomme meine Medikamente.
8. ▨ Wenig Geld.

b) Lesen Sie die Aussagen 1–6. Was ist richtig? Kreuzen Sie an und korrigieren Sie die falschen Aussagen.

1. ▨ Man muss immer zuerst zum Hausarzt gehen.
2. ▨ Für eine Überweisung muss man 10 Euro bezahlen.
3. ▨ Kinder müssen keine Praxisgebühr bezahlen.
4. ▨ Für Medikamente muss man meistens etwas zuzahlen.
5. ▨ Sie gehen im Januar zum Hausarzt und im März zum Zahnarzt. Sie müssen insgesamt 20 Euro Praxisgebühr bezahlen.
6. ▨ Die Krankenkasse zahlt alle Medikamente.

3 Entschuldigungen schreiben

a) Peter hatte einen kleinen Unfall. Schreiben Sie die Texte in Ihr Heft und ergänzen Sie.

Tut mir leid – leider – Sehr geehrter Herr – Liebe – Grüßen – Viele Grüße – Krankmeldung – weh – verletzt

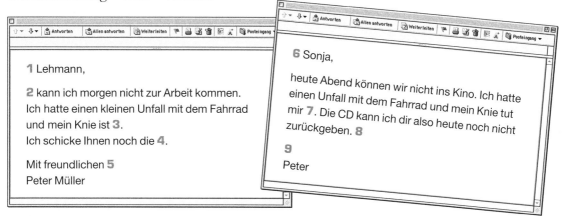

1 Lehmann,

2 kann ich morgen nicht zur Arbeit kommen.
Ich hatte einen kleinen Unfall mit dem Fahrrad
und mein Knie ist **3**.
Ich schicke Ihnen noch die **4**.

Mit freundlichen **5**
Peter Müller

6 Sonja,

heute Abend können wir nicht ins Kino. Ich hatte
einen Unfall mit dem Fahrrad und mein Knie tut
mir **7**. Die CD kann ich dir also heute noch nicht
zurückgeben. **8**

9
Peter

b) Und jetzt Sie. Lesen Sie die Situationen und schreiben Sie Entschuldigungen.

Ihr Sohn ist krank. Sie waren mit ihm beim Arzt. Er hat Grippe und kann erst am Donnerstag wieder in die Schule kommen. Schreiben Sie eine Entschuldigung für die Schule.

Sie haben einen Termin beim Zahnarzt. Sie können morgen erst um 11 Uhr zur Arbeit kommen. Schreiben Sie eine Notiz für Ihren Chef.

Ihr Freund hat Geburtstag. Sie können aber nicht zu dem Fest gehen. Ihre Mutter ist krank geworden und Sie müssen bei ihr bleiben. Schreiben Sie Ihrem Freund eine SMS.

Sie haben einen Termin beim Job-Center und können erst um 11 Uhr zum Deutschkurs kommen. Schreiben Sie eine Mail an die Kursleiterin.

4 Projekt: Ein voller Tag

Sie haben viel zu tun: Sie haben Fieber und müssen zu einem Arzt / einer Ärztin. Er/Sie soll Ihnen ein Medikament verschreiben. Sie wollen ins Bett, aber der Kühlschrank ist leer und Sie brauchen dringend einen warmen Pullover. Planen Sie Ihren Tag. Recherchieren Sie in Ihrer Stadt und machen Sie eine Liste.

Was tun?	Wohin?	Wo genau? (Adresse)
Einkaufszettel schreiben …	Supermarkt Arzt …	

Einen erfolgreichen Tag (und gute Besserung ☺)!

studio d A1
Deutsch als Fremdsprache – zusätzliche Stationen

Im Auftrag des Verlages erarbeitet von
Dieter Maenner

unter beratender Mitwirkung von
Hermann Funk, Silke Demme, Christina Kuhn und Britta Winzer

Vorwort: Hermann Funk

Redaktion: Andrea Finster

Illustrationen: Andreas Terglane
Layout und technische Umsetzung: Satzinform, Berlin

© 2007 Cornelsen Verlag, Berlin

Druck: CS-Druck CornelsenStürtz, Berlin

P933754 10.07

studio d A1

Deutsch als Fremdsprache

Kurs- und Übungsbuch | Teilband 1

von
Hermann Funk
Christina Kuhn
Silke Demme
sowie
Oliver Bayerlein

Phonetik:
Beate Diener
und Beate Lex

studio d A1
Deutsch als Fremdsprache
Kurs- und Übungsbuch | Teilband 1

Herausgegeben von Hermann Funk

Im Auftrag des Verlages erarbeitet von Hermann Funk,
Christina Kuhn, Silke Demme sowie Oliver Bayerlein

In Zusammenarbeit mit der Redaktion:
Gertrud Deutz, Andrea Finster (verantwortliche Redakteurin),
Dagmar Garve, Gunther Weimann (Projektleitung)

Phonetik: Beate Lex und Beate Redecker

Beratende Mitwirkung:
Carla Christiany, Universität Bologna; Peter Panes, Schwäbisch Hall;
Hans-Werner Schmidt, Istanbul; Ralf Weißer, Prag

Illustrationen: Andreas Terglane
Layoutkonzept: Christoph Schall
Layout und technische Umsetzung: Satzinform, Berlin
Umschlaggestaltung: Klein & Halm Grafikdesign, Berlin

Weitere Kursmaterialien:
Audio-CD: ISBN 978-3-464-20769-7
Kassette: ISBN 978-3-464-20778-9
Vokabeltaschenbuch: ISBN 978-3-464-20786-4
Sprachtraining A1:   ISBN 978-3-464-20812-0
Video A1 (VHS mit Übungsbooklet):   ISBN 978-3-464-20726-0
Video A1 (DVD mit Übungsbooklet):   ISBN 978-3-464-20831-1
Übungsbooklet 10er Paket: ISBN 978-3-464-20821-2
Unterrichtsvorbereitung (Print):   ISBN 978-3-464-20837-3
Unterrichtsvorbereitung (auf CD-ROM):   ISBN 978-3-464-20746-8

www.cornelsen.de

Die Links zu externen Webseiten Dritter, die in diesem Lehrwerk angegeben sind, wurden
vor Drucklegung sorgfältig auf ihre Aktualität geprüft. Der Verlag übernimmt keine Gewähr für
die Aktualität und den Inhalt dieser Seiten oder solcher, die mit ihnen verlinkt sind.

1. Auflage, 7. Druck 2011

Alle Drucke dieser Auflage sind inhaltlich unverändert und können im Unterricht
nebeneinander verwendet werden.

© 2005 Cornelsen Verlag, Berlin

Druck: Himmer AG, Augsburg

ISBN 978-3-464-20765-9

 Inhalt gedruckt auf säurefreiem Papier aus nachhaltiger Forstwirtschaft.

Symbole

 Hörverstehensübung,
40 CD/Kassette,
Track 40 auf der
Kursraumversion

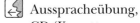 Ausspracheübung,
42 CD/Kassette,
Track 42 auf der
Kursraumversion

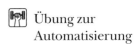 Übung zur
Automatisierung

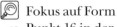 Fokus auf Form
16 Punkt 16 in der
Grammatik (Anhang)

studio d – Hinweise zu Ihrem Deutschlehrwerk

Liebe Deutschlernende, liebe Deutschlehrende,

Das Lehrwerk **studio d** erscheint in zwei Ausgaben: einer dreibändigen und einer fünfbändigen. Sie blättern gerade im ersten Band der fünfbändigen Ausgabe. **studio d** orientiert sich eng an den Niveaustufen des Gemeinsamen europäischen Referenzrahmens. Band 1 und 2 führen zur Niveaustufe A1, Band 3 und 4 zu A2 und der fünfte Band (identisch mit dem dritten Band der dreibändigen Ausgabe) führt Sie zum *Zertifikat Deutsch*.

Das Kursbuch und der Übungsteil studio d A1

In *Start auf Deutsch* erhalten Sie einen ersten Einblick in die deutsche Sprache und das Leben in den deutschsprachigen Ländern. Das Kursbuch gliedert sich in sechs Einheiten mit thematischer und grammatischer Progression. Der Übungsteil folgt unmittelbar nach jeder Kursbucheinheit und schließt mit einer Überblicksseite „Das kann ich auf Deutsch". In transparenten Lernsequenzen bietet **studio d** Ihnen Aufgaben und Übungen für alle Fertigkeiten (Hören, Lesen, Schreiben, Sprechen). Sie werden mit interessanten Themen und Texten in den Alltag der Menschen in den deutschsprachigen Ländern eingeführt und vergleichen ihn mit Ihren eigenen Lebenserfahrungen. Sie lernen entsprechend der Niveaustufe A1, in Alltagssituationen sprachlich zurechtzukommen und einfache gesprochene und geschriebene Texte zu verstehen und zu schreiben. Die Erarbeitung grammatischer Strukturen ist an Themen und Sprachhandlungen gebunden, die Ihren kommunikativen Bedürfnissen entsprechen. Die Art der Präsentation und die Anordnung von Übungen soll entdeckendes Lernen fördern und Ihnen helfen, sprachliche Strukturen zu erkennen, zu verstehen und anzuwenden. Die Lerntipps unterstützen Sie bei der Entwicklung individueller Lernstrategien. In der *Station 1* finden Sie Materialien, mit denen Sie den Lernstoff aus den Einheiten wiederholen, vertiefen und erweitern können.

Da viele von Ihnen die deutsche Sprache für berufliche Zwecke erlernen möchten, war es für uns besonders wichtig, Sie mittels unterschiedlicher Szenarien in die Berufswelt sprachlich einzuführen und Ihnen Menschen mit interessanten Berufen vorzustellen.

Auf der Audio-CD, die dem Buch beiliegt, finden Sie alle Hörtexte des Übungsteils. So können Sie auch zu Hause Ihr Hörverstehen und Ihre Aussprache trainieren. Im Anhang des Kursbuchs finden Sie außerdem eine Übersicht über die A1-Grammatik, eine alphabetische Wörterliste, die Transkripte der Hörtexte, die nicht im Kursbuch abgedruckt sind, und einen Lösungsschlüssel.

Die Audio-CDs/-Kassetten

Die separat erhältlichen Tonträger für den Kursraum enthalten alle Hörmaterialien des Kursbuchs. Je mehr Sie mit den Hörmaterialien arbeiten, umso schneller werden Sie Deutsch verstehen, außerdem verbessern Sie auch Ihre Aussprache und Sprechfähigkeit.

Das Video

Der Spielfilm zum Deutschlernen kann im Unterricht oder zu Hause bearbeitet werden. Im Video lernen Sie eine Gruppe junger Leute im Umfeld von Studium, Job, Praktikum und Freizeit kennen. Die Übungen zum Video finden Sie in den Stationen. Weitere Übungen finden Sie auf der CD-ROM *Unterrichtsvorbereitung interaktiv*.

Der A1-Trainer und die Lerner-CD-ROM

Umfangreiche Materialien für alle, die noch intensiver im Unterricht oder zu Hause üben möchten.

Das Vokabeltaschenbuch

Hier finden Sie alle neuen Wörter in der Reihenfolge ihres ersten Auftretens. In den zweisprachigen Glossaren werden die neuen Wörter in Ihre Muttersprache übersetzt.

Wir wünschen Ihnen viel Spaß und Erfolg beim Deutschlernen mit **studio d**!

Inhalt

Grammatik	Aussprache	Lernen lernen
das Alphabet	Wortakzent in Namen	internationale Wörter in Texten finden Wörter sortieren
Aussagesätze Fragesätze mit *wie, woher, wo, was* Verben im Präsens Singular und Plural, das Verb *sein* Personalpronomen und Verben	Wortakzent in Verben und in Zahlen	mit einem Redemittelkasten arbeiten eine Grammatiktabelle ergänzen
Nomen: Singular und Plural Artikel: *der, das, die / ein, eine* Verneinung: *kein, keine* Komposita: *das Kursbuch*	Wortakzente markieren Umlaute *ä, ö, ü* hören und sprechen	mit Wörterbüchern arbeiten Lernkarten schreiben Memotipps eine Regel selbst finden
Präteritum von *sein* W-Frage, Aussagesatz und Satzfrage	Satzakzent in Frage- und Aussagesätzen	eine Regel ergänzen eine Grammatiktabelle erarbeiten Notizen machen
Possessivartikel im Nominativ Artikel im Akkusativ Adjektive im Satz Graduierung mit *zu*	Konsonanten: *ch* Wortakzent bei Komposita etwas besonders betonen (Kontrastakzent)	Wortschatz systematisch: Wörter nach Oberbegriffen ordnen, Wörternetze machen, eine Lernkartei anlegen

Selbstevaluation: Wortschatz – Grammatik – Phonetik; Videostation 1

Grammatik	Aussprache	Lernen lernen
Fragesätze mit *Wann?, Von wann bis wann?* Präpositionen und Zeitangaben: *am, um, von ... bis* trennbare Verben Verneinung mit *nicht* Präteritum von *haben*	Konsonanten: *p, b, t, d / k, g* Satzmelodie in Fragesätzen	mit Rollenkarten arbeiten Übungszeitpläne
Präpositionen: *in, neben, unter, auf, vor, hinter, an, zwischen, bei* und *mit* + Dativ Ordnungszahlen	Konsonanten: *f, w* und *v*	ein Wortfeld erarbeiten Notizen machen im Kalender

129 Hörtexte

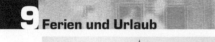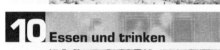
Inhalt

6

sechs

Grammatik	Aussprache	Lernen lernen
Modalverben *müssen, können* (Satzklammer) Possessivartikel und *kein-* im Akkusativ	Konsonanten: *n, ng* und *nk*	mit dem Wörterbuch arbeiten Textinformationen in einer Tabelle ordnen
Präpositionen: *in, durch, über* + *Akkusativ; zu, an ... vorbei* + Dativ Modalverb *wollen*	Konsonanten: *r* und *l*	ein Lernplakat machen

Phonetik intensiv; Videostation 2

Grammatik	Aussprache	Lernen lernen
Perfekt: regelmäßige und unregelmäßige Verben	lange und kurze Vokale markieren	Texte ordnen
Häufigkeitsangaben: *jeden Tag, manchmal, nie* Fragewort: *welch-* Komparation: *viel, gut, gern*	Endungen: *-e, -en, -el* und *-er*	einen Text auswerten und zusammenfassen
Adjektive im Akkusativ – unbestimmter Artikel Demonstrativa: *dieser – die es – diese / der – das – die* Wetterwort *es*	Vokale und Umlaute: *ie – u – ü* und *e – o – ö*	ein Assoziogramm erstellen: Wetter und Farben interkulturell
Imperativ Modalverb *dürfen* Personalpronomen im Akkusativ		mit Rollenkarten arbeiten Lernspiel Pronomen

Grammatik und Phonetik intensiv; Videostation 3; eine Rallye durch **studio d**

alphabetische Wörterliste; unregelmäßige Verben; Hörtexte; Lösungen

Start auf Deutsch

1 Deutsch sehen und hören

1 Bilder und Wörter. **Was gehört zusammen?**

Musik ▓ Reichstag/Berlin ▓ Touristen ▓ Büro ▓ Supermarkt ▓ Telefon ▓

Kurs ▓ Rhein-Main-Airport/Frankfurt ▓ Kaffee ▓ Computer ▓

Cafeteria ▓ Oper ▓ Espresso ▓ Airbus ▓ Euro ▓ Orchester ▓ Schule ▓

2 Wie heißen die Wörter in Ihrer Sprache?

Hier lernen Sie

▶ internationale Wörter auf Deutsch verstehen
▶ jemanden begrüßen
▶ sich und andere vorstellen
▶ nach Namen und Herkunft fragen
▶ das Alphabet und buchstabieren
▶ Wortakzent in Namen

 3 Bilder und Töne.

2

Hören Sie. Wo ist das? Was kennen Sie? Wörter in Ihrer Sprache?

Das ist Bild ...

 4 Vier Sprecher. Wer kommt aus Deutschland?

3

2 Im Kurs

1 Hören Sie den Dialog.

- Guten Tag! Ich bin Frau Schiller.
  Ich bin Ihre Deutschlehrerin.
  Wie ist Ihr Name?
- ◆ Hallo, mein Name ist Cem Gül.
- Und woher kommen Sie?
- ◆ Aus der Türkei.
- Wie heißen Sie?
- ● Ich heiße Lena Borissowa.
  Ich komme aus Russland.

- Und wie heißen Sie?
- ▲ Mein Name ist Ana Sánchez.
  Ich komme aus Chile.
- Und Sie?
- ▼ Ich bin Alfiya Fedorowa
  aus Kasachstan.
- Und wer ist das?
- ▼ Das ist Herr Tang.
  Er kommt aus China.

2 **Fragen und Antworten.** Hören Sie und sprechen Sie nach.

3 Und Sie? Wie heißen Sie? Woher kommen Sie?

4 **Partnerinterview**

a) Fragen und notieren Sie.

Wie heißen Sie? ....

Woher kommen Sie? ....

b) Berichten Sie im Kurs.

Das ist ...

Er/Sie kommt aus ...

5 Hören und lesen Sie.

- Herr Gül, wo wohnen Sie jetzt?
- ◆ Ich wohne in Frankfurt.
- Frau Sánchez, wo wohnen Sie?
- ● Auch in Frankfurt.
- Und Sie, Frau Borissowa, wo wohnen Sie?
- ▲ In Bad Vilbel.
- Wo wohnt Herr Tang?
- ▲ Er wohnt in Bad Homburg.

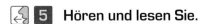

Start auf Deutsch

10

zehn

6 Ordnen Sie zu.

Wie ist Ihr Name? **1**   **a** Aus Chile.

Wo wohnen Sie? **2**   **b** Ana Sánchez.

Woher kommen Sie? **3**   **c** In Frankfurt.

7 **Personalangaben.** Ordnen Sie eine Person aus Aufgabe 1 und Aufgabe 5 zu und ergänzen Sie.

1. Name? ....

Woher? Aus Russland.

Wo? In Bad Vilbel.

2. Name? ....

Woher? Aus Kasachstan.

Wo? In Frankfurt.

3. Name? ....

Woher? Aus der Türkei.

Wo? ....

4. Name? ....

Woher? Aus China.

Wo? ....

8 **Und Sie?** Ergänzen Sie.

Name? ....

Woher? ....

Wo? ....

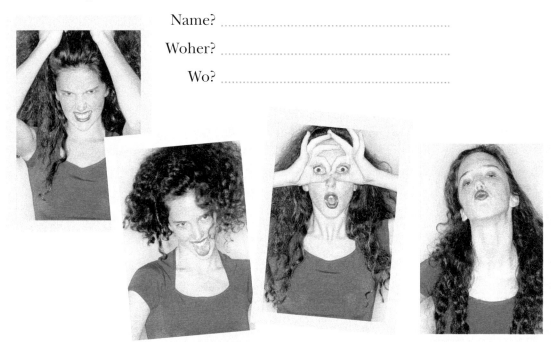

9 Ergänzen Sie den Redemittelkasten mit den Wörtern aus Aufgabe 1 und Aufgabe 5.

Redemittel	Begrüßung	Name?	Vorstellung	Woher?
	Guten Tag!	*Wie heißen Sie?*	*Ich heiße*	
	....	....	....	....
	....	....	....	....
	....	....	....	....

3 Das Alphabet

1 **Der Alphabet-Rap.** Hören Sie und machen Sie mit.

7

2 Buchstabieren Sie Ihren Namen. Die Gruppe schreibt.

3 **Städtediktat.** Hören Sie. Schreiben Sie die Städtenamen.

8

1. .... 5. ....

2. .... 6. ....

3. .... 7. ....

4. .... 8. ....

4 **Abkürzungen.** Was ist das? Ordnen Sie zu.

Transport/Auto	TV/Computer
....	....
....	....
....	....
....	....
....	....

5 Hören Sie die Dialoge. Notieren Sie die Namen.

9

1. ....

2. ....

3. ....

6 **Spiel.** Namen buchstabieren und notieren.

Guten Tag, ich heiße Däubler-Gmelin.

7 **Familiennamen in Deutschland – die Top 10.**
Und bei Ihnen?

Yilmaz!

8 **Die Top 5 der Vornamen in Deutschland.** Hören Sie die Namen.
Welche Silbe ist betont? Ordnen Sie.

10

1. Silbe betont	2. Silbe betont	3. Silbe betont
'Anna		

Nr.	Vorname
	Jungen
1	Alexander
2	Maximilian
3	Paul
4	Leon
5	Lukas
	Mädchen
1	Marie
2	Sophie
3	Maria
4	Anna
5	Laura

9 Hören Sie noch einmal und sprechen Sie nach.

10

10 Welche Vornamen aus Deutschland, Österreich und der Schweiz kennen Sie?

11 **Vornamen international.** Was sind Ihre Favoriten?

! **Internettipp**
www.kindername.de

4 Internationale Wörter

1 **Schnell lesen. Hier sind elf Wörter.**
Zu welchen Texten passen sie? Ordnen Sie zu.

studieren ▦ Hobbys ▦ Musik ▦ Universität ▦
Rhein-Main-Airport ▦ Familie ▦ Ski fahren ▦
Spanisch ▦ Frankfurt ▦ Job ▦ Oper ▦

> **! Lerntipp**
> Texte verstehen –
> Internationale
> Wörter suchen!

1. Das ist **Markus Bernstein**. Herr Bernstein ist 42 Jahre alt. Er wohnt mit seiner Familie in Kronberg. In 30 Minuten ist er am Airport in Frankfurt. Er ist Pilot bei der Lufthansa. Herr Bernstein mag seinen Job. Er fliegt einen Airbus A 320. Heute fliegt er von Frankfurt nach Madrid, von Madrid nach Frankfurt und dann Frankfurt–Budapest und zurück. Er spricht Englisch und Spanisch.

2. **Ralf Bürger** ist Student an der Friedrich-Schiller-Universität in Jena. Das ist in Thüringen. Ralf studiert Deutsch und Interkulturelle Kommunikation. Er ist im 8. Semester. Seine Freundin **Magda Sablewska** studiert auch Deutsch, im 4. Semester. Magda ist aus Polen, aus Krakau. Ralf ist 26, Magda 23 Jahre alt. Magda spricht Polnisch, Deutsch und Russisch. Ralf spricht Englisch und ein bisschen Polnisch.

3. **Andrea Fiedler** ist seit 1999 bei Siemens in München. Vorher war sie drei Jahre für Siemens Medical Dept. in Singapur. Sie ist Elektronikingenieurin, Spezialität: Medizintechnologie. Sie spricht Englisch, Französisch und ein bisschen Chinesisch. Sie wohnt in Erding bei München. Sie mag die Alpen. Ski fahren ist ihr Hobby – und ihr BMW!

4. **Milena Filipova** ist 35. Sie lebt seit zehn Jahren in Wien. Sie ist Musikerin und kommt aus Nitra. Das ist in der Slowakei. Sie spielt Violine und gehört zum Ensemble der Wiener Staatsoper. Sie findet Wien fantastisch: die Stadt, die Menschen, die Restaurants, die Donau, die Atmosphäre im Sommer, die Cafés. Um 20 Uhr hat sie heute ein Konzert.

2 Internationale Wörter verstehen. Wählen Sie einen Text aus Aufgabe 1 aus: Wie viele Wörter verstehen Sie? Notieren Sie.

Markus Bernstein	Ralf Bürger / Magda Sablewska	Andrea Fiedler	Milena Filipova
	Student		

3 Sortieren Sie die Wörter.

Technik	Job	Sprachen	Musik	Geografie	Tourismus	andere

4 Internationale Wörter – deutsche Wörter.
Eine Zeitungscollage im Kurs machen.

5 Frankfurt am Main

Messestadt Frankfurt am Main

Landeskunde

Frankfurt am Main – ein globaler Marktplatz

Frankfurt am Main hat mit seinen 646 000 Einwohnern das Flair einer internationalen Minimetropole. 26 % der Einwohner kommen aus dem Ausland. Die Skyline ist ein Symbol für die Dynamik und die Internationalität der Stadt. Frankfurt ist mit seinen Banken und dem Rhein-Main-Airport, der Basis der Lufthansa, ein globaler Marktplatz. In Frankfurt ist die Heimat des Euro (€), die Europäische Zentralbank. Das Mainufer ist ein Skaterparadies, dort gibt es auch das Deutsche Filmmuseum, das Deutsche Architekturmuseum und das Jüdische Museum.

1 Treffen im Café

 1
11 Ü1

a) Hören Sie die Gespräche. Worüber sprechen die Leute? Sammeln Sie Wörter.

b) Hören Sie die Gespräche noch einmal und lesen Sie mit.

Hier lernen Sie

▶ jemanden kennen lernen: ein Gespräch beginnen
▶ sich und andere vorstellen
▶ Zahlen von 1 bis 1000
▶ etwas im Café bestellen und bezahlen
▶ Telefonnummern verstehen
▶ Fragesätze mit *wie, woher, wo, was*
▶ Verben, Präsens Singular und Plural, *sein*
▶ Wortakzent in Verben und in Zahlen

c) Ordnen Sie die Gespräche den Fotos zu.

d) Üben Sie im Kurs.

1. ▒

Samira:	Entschuldigung, ist hier noch frei?
Katja:	Ja klar, bitte. Sind Sie auch im Deutschkurs?
Samira:	Ja, im Kurs A1. Ich heiße Samira Sundaram. Ich komme aus Indien.
Katja:	Ich bin Katja Borowska aus Russland.
Samira:	Was trinken Sie?
Katja:	Ehmmm, Orangensaft.
Samira:	Zwei Orangensaft, bitte.

2. ▒

■	Grüß dich, Julian, das sind Belal und Alida.
Julian:	Hi! Woher kommt ihr?
●	Wir kommen aus Marokko, und du? Woher kommst du?
Julian:	Aus den USA.
■	Was möchtest du trinken?
Julian:	Kaffee.
■	Ja, ich auch!
●	Ich auch!
▼	Ja, bitte!
■	Vier Kaffee, bitte!

3. ▒

Liu Mei:	Hallo, Marina!
Marina:	Tag, Liu Mei!
Liu Mei:	Marina, das ist Frau Schiller. Sie ist Deutschlehrerin. Frau Schiller, das ist Marina Álvarez.
Frau Schiller:	Guten Tag, Marina. Woher kommen Sie?
Marina:	Ich komme aus Argentinien, aus Rosario.
Liu Mei:	Was möchten Sie trinken?
Frau Schiller:	Eistee!
Marina:	Ich auch.
Liu Mei:	Also drei Eistee.

> **Minimemo**
>
> **Sprache im Café (I)**
>
> Entschuldigung, ist hier noch frei?
> Was möchten Sie trinken? /
> Was möchtest du trinken?
> Kaffee oder Tee?
> Was nehmen/trinken Sie?
> Zwei Kaffee, bitte!

2 *Wer? Woher?* Dialoge trainieren

1 **Sammeln.** Ergänzen Sie den Kasten.

Redemittel	Begrüßung	Vorstellung	Name?	Woher?	Getränke
	Hallo!	*Ich heiße ...*	*Wie heißen Sie?*	....	*Kaffee*
	....	*Das ist ...*	....	....	....

2 Ergänzen Sie. Der Kasten aus Aufgabe 1 hilft.

Ü2

1. ■ Hallo, ich bin Frau Schiller und wie heißen Sie?

   ◆ ....

2. ■ Tag, Lena!

   ◆ ....

3. ■ Was trinken Sie?

   ◆ ....

4. ■ Woher kommst du?

   ◆ ....

5. ● ....

   ▲ Hallo, Katja.

6. ● .... ?

   ▲ Aus China.

7. ● .... ?

   ▲ Tee, bitte.

3 Hören Sie und sprechen Sie nach.

12

4 Dialoge trainieren mit Namen im Kurs.

Was möchtest du ...?

Hallo, ...!

Hallo, ..., das ist ...

Zwei ..., bitte!

Woher ...?

Ich wohne in ...

Aus ...

5 Sammeln Sie Verben aus den Texten auf Seite 17.

sind, heiße, komme ...

sein

ich bin	wir sind
du bist	ihr seid
er/es/sie ist	sie/Sie sind

6 **Verbendungen.** Ergänzen Sie die Tabelle.

16 Ü3

Grammatik

	komm-en	....	....	**trink-en**
ich	komm-e	....	....	....
du	....	wohn-st	heiß-t	....
er/es/sie	....	....	heiß-t	....
wir	....	....	heiß-en	....
ihr	....	wohn-t	....	....
sie/Sie	....	wohn-en	....	....

7 Hören Sie die Verben. Markieren Sie den Akzent *('kommen)* in der Tabelle von Aufgabe 6 und sprechen Sie nach.

13

8 Ergänzen Sie.

1. Woher komm........... Sie?

2. Wir wohn........... in Berlin.

3. Er trink........... Kaffee.

4. Sie heiß........... Samira Sundaram.

5. Alida und Belal, was trink........... ihr?

6. Frau Schiller arbeite........... an der Sprachschule.

arbeit-en
du arbeit-est
er/es/sie arbeit-et

9 **Selbsttest. Fragen mit** *Was? Wo? Wie? Woher?*

Ü4 **Hier sind die Antworten. Stellen Sie die Fragen.**

1. .... ?
   Aus Deutschland.

2. .... ?
   Ich heiße Andrea Schmidt.

3. .... ?
   In Berlin.

4. .... ?
   Zwei Orangensaft, bitte.

5. .... ?
   Aus Chile.

3 Zahlen und zählen

1 Zahlen sehen

eins   zwei   drei   vier   fünf   sechs

sieben   acht   neun   zehn   elf   zwölf

2 Zahlen hören.
14   Notieren Sie.

3 Zahlen lesen
15 Ü5–6

a) Hören Sie und lesen Sie mit.

dreizehn, vierzehn, fünfzehn, sechzehn, siebzehn, achtzehn, neunzehn,
zwanzig, einundzwanzig

b) Wie lesen Sie die Zahlen?

1 3   1 4   2 4

 und

zwanzig 24 vier

c) Hören Sie noch einmal. Markieren Sie den Akzent (') in Aufgabe a)
und sprechen Sie.

4 Zahlen bis 1000. Ergänzen Sie. Hören und kontrollieren Sie.
16

1.   100 *einhundert* ....

2.   200 *zweihundert* ....

3.   300 ....

4.   400 ....

5.   500 ....

6.   600 ....

7.   700 ....

8.   800 ....

9.   900 ....

10.   1000 *eintausend* ....

5 Zahlenlotto 6 aus 49. Kreuzen (x) Sie sechs Zahlen an. Hören Sie die Lottozahlen.
Wie viele Richtige haben Sie?

 6 Spiel im Kurs. Bingo bis 50. Notieren Sie Zahlen bis 50. Hören Sie.
Streichen Sie die Zahlen durch, die Sie hören. Gewinner ist, wer zuerst alle Zahlen
durchgestrichen hat. Spielen Sie noch einmal im Kurs.

1.

2.

 7 Zahlen schnell sprechen

a) Bilden Sie zwei Gruppen. Üben
   Sie die Zahlen. Lesen Sie die Zahlen
   laut. Gruppe A beginnt. Macht
   Gruppe A einen Fehler, ist Gruppe B
   dran. Gewinner ist, wer zuerst
   fertig ist.

25	12	125	567	999	291
91	15	193	987	119	713
75	55	444	812	680	1000
67	3	763	745	910	325
53	13	217	311	515	81
17	115	323	476	422	703

b) Sagen Sie fünf Zahlen, die anderen schreiben mit.

4 Zahlen verwenden. Telefonnummern und Rechnungen

1 Hören Sie die Dialoge. Schreiben Sie die Telefonnummern mit.

19 Ü7

1. ....

3. ....

2. ....

4. ....

2 Wichtige Telefonnummern finden – im Telefonbuch oder im Internet

1. die Polizei   **2.** der Arzt   **3.** die Taxizentrale

- **Polizei** ☎ **110**
- **Feuerwehr** ☎ **112**

Hausbesuche
ArztRUF
0-24 Uhr
☎ 0800 1972000
privatärztlicher
Notfalldienst e.G. und
www.arztruf.com KinderArztRUF
www.kinderarztruf.de

TAXI
☎ **44 33 22**

! **Internettipp**

www.telefonbuch.de

3 Hören Sie und ordnen Sie die Dialoge zu. Notieren Sie die Preise.

20 Ü8-9

****
GUPPI
CAFE - BAR - WEEKENDCLUB
GLEIMSTRASSE 31
10437 BERLIN • TEL. 437 39 611
****

TISCH 14 SALDO 0.00

CAPPUCCINO 1X _____

BAR _____

a

Kafka
Oranienstraße 204
10999 Berlin Tel.: 030-612 24 29
Rechnung
Tisch #12

2 x
Mineralwasser

Coca Cola
         3,00

Saldo _____

b

Krombacher
EINE PERLE DER NATUR.

Rechnung

Verzehr	EUR
SPEISEN	
GETRÄNKE	
Eistee	1,
3X	
insg.	

c

Getränke

Warme Getränke

Tasse Kaffee	1,20 €
Tasse Tee	1,20 €
Cappuccino	1,60 €
Schale Milchkaffee	1,80 €

Alkoholfreies

Mineralwasser	0,25 l	1,40 €
Coca-Cola	0,2 l	1,50 €
Fanta	0,2 l	1,50 €
Eistee	0,2 l	1,90 €

Dialog 1 ▨
Dialog 2 ▨
Dialog 3 ▨

Minimemo

Sprache im Café (II)

Zahlen, bitte! /
Ich möchte zahlen, bitte!
Zusammen oder getrennt?
Getrennt/zusammen, bitte.
Das macht ... Euro.
Bitte!
Danke!
Auf Wiedersehen!

4 Hören Sie und sprechen Sie nach.

21

5 Bezahlen im Café. Spielen Sie die Dialoge. Die Dialoggrafik hilft.

Ü 10–13

Dialog 1

Wir möchten bitte zahlen!

    Zusammen oder getrennt?

  Zusammen, bitte.

    Zwei Wasser und zwei Kaffee, das macht 5,90 Euro.

    Bitte.

    Danke, auf Wiedersehen!

Dialog 2

    Zahlen!

    Zusammen / getrennt?

Zusammen / getrennt!

    2/3/4, ... Cola / Wasser /
Cappuccino / ..., das macht ... Euro.

    Bitte.

    Danke, ...

6 Der Euro. Lesen Sie im Kurs.

Ü 14

Landeskunde

Seit dem 01.01.2002 ist der Euro (€) gemeinsames offizielles Zahlungsmittel in 13 Ländern der Europäischen Union (EU): in Belgien, Deutschland, Finnland, Frankreich, Griechenland, den Niederlanden, Irland, Italien, Luxemburg, Österreich, Portugal, Slowenien und Spanien. Über 200 Millionen Menschen bezahlen mit dem Euro. Die Euroscheine sind in allen Ländern gleich, die Münzen sind unterschiedlich und tragen nationale Symbole der Länder.

7 Quiz. Raten Sie: Woher kommen die Euromünzen? Ordnen Sie zu.

e Österreich

  Deutschland

  Griechenland

  Spanien

  Irland

  Italien

Übungen 1

Treffen im Café. Ordnen Sie den Dialog.

Entschuldigung, ist hier frei? – Ich bin Michel aus Frankreich, und du? – Ich heiße Ayşe. Ich komme aus der Türkei. – Ja klar, bitte. – Kaffee. – Was trinkst du: Kaffee oder Tee? – Zwei Kaffee, bitte!

■ ....

◆ ....

■ ....

◆ ....

■ ....

◆ ....

■ ....

Verbinden Sie.

Entschuldigung, ist hier frei? **1**   a Tee, bitte.

Marina, das ist Frau Schiller. **2**   b Ja klar, bitte.

Kaffee oder Tee? **3**   c Ich auch.

Sind Sie auch im Deutschkurs? **4**   d Guten Tag, Frau Schiller!

Ich trinke Kaffee. **5**   e Ja, im Kurs A1.

24 vierundzwanzig · Einheit 1

3 Verbendungen. **Ergänzen Sie.**

1. Wir komm.......... aus Dänemark.

2. Karin wohn.......... in München.

3. Was trink.......... du?

4. Ich heiß.......... David Taylor und komm.......... aus Cardiff.

5. Wie heiß.......... Sie?

6. Das i.......... Dennis Jones. Er komm.......... aus New York.

4 **Hier sind die Antworten. Stellen Sie die Fragen.**

du – heißen – heißt – ihr – kommen – ~~Sie~~ – Sie – Sie – Sie –
~~trinken~~ – trinkt – ~~was~~ – was – wie – wie – wo – woher – wohnen

1. ■ _Was_ _trinken_ _Sie_ ? ◆ Tee, bitte.

2. ■ .... ? ◆ Wir trinken Kaffee.

3. ■ .... ? ◆ Mein Name ist Katja Borowska.

4. ■ .... ? ◆ Lin-Mei.

5. ■ .... ? ◆ Ich wohne in Bad Vilbel.

6. ■ .... ? ◆ Aus der Türkei.

5 **Zahlen verstehen. Hören Sie und ergänzen Sie die Temperaturen.**

22

Kiel	....18......	°C
Rostock	....	°C
Hamburg	....	°C
Hannover	....	°C
Berlin	....	°C
Köln	....	°C
Dresden	....	°C
Frankfurt a. M.	....	°C
Stuttgart	....	°C
München	....	°C
Jena	....	°C

6 Hören Sie und ergänzen Sie die Zahlen.
23

1. ....undzwanzig   5. fünfund....................

2. ....undzwanzig   6. ....undvierzig

3. siebenund....................   7. ....undachtzig

4. ....unddreißig   8. ....zig

  7 **Telefonauskunft.** Hören Sie und ergänzen Sie die Telefonnummern.
24

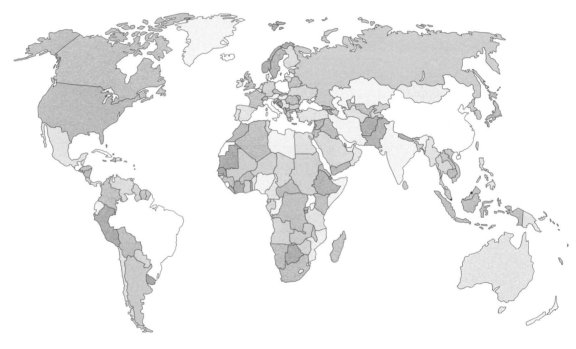

1. ■ Wie ist die Telefonnummer von Siemens in Singapur, bitte?

   ◆ ....

   ■ Und die Vorwahl von Singapur?

   ◆ ....

2. ■ Die Vorwahl von Namibia, bitte.

   ◆ Namibia? Moment. Das ist die

   ....

3. Die Faxnummer vom Hotel Borg in Island?

   Einen Moment. ....

   Und .... für Island.

4. ■ Die Nummer von AVIS in Buenos Aires, bitte.

   ◆ Ja, die Nummer ist ....

   Und .... für

   Argentinien.

8 Verben. **Setzen Sie ein.**

macht – zahlen – trinkst – möchten – nehme

1. Was .... du?

2. Ich .... einen Kaffee.

3. Wir .... zahlen, bitte.

4. .... Sie getrennt oder zusammen?

5. Das .... 17,50 Euro.

9 Schreiben Sie Sätze.

1. wir|möchtenbittezahlenzusammenodergetrenntzusammenbittezweiteeund
zweicoladasmacht6,90Eurobittedankeaufwiedersehen

■ *Wir* ....

◆ ....

■ ....

◆ ....

■ ....

◆ ....

2. zahlenbittezahlensiezusammenodergetrenntgetrenntbittealsozweiorangensaft
dasmacht3Euroundzweicolamacht2,90Euro

■ ....

◆ ....

■ ....

◆ ....

....

10 Sie kennen die Wörter. Ergänzen Sie die Vokale.

Diese Wörter hören Sie im Kurs.

D.......tschk.....rs

Spr.....chsch.....l

D.......tschl.....hr.....r.....n

schr.......b.....n

spr.....ch.....n

St.....d.....nt

l.....s.....n

Diese Wörter hören Sie im Café.

C.....l.....

W.....ss.....r

tr.....nk.....n

R.....chn.....ng

K.....ff.....

Eist.....

z.....hl.....n

11 Welches Wort passt nicht?

1. Tee – Kaffee – ~~Tasse~~ – Orangensaft

2. kommen – trinken – heißen – frei

3. lernen – bestellen – nehmen – zahlen

4. ein – sieben – fünfunddreißig – vierundzwanzig

 12 **Textkaraoke. Im Café.** Hören Sie und sprechen Sie die ∽-Rolle im Dialog.

25

👂 ...
∽ Wir möchten bitte zahlen!
👂 ...
∽ Zusammen, bitte.
👂 ...
∽ Bitte.
👂 ...
∽ Auf Wiedersehen.

13 **Café International.** Welche Wörter verstehen Sie? Notieren Sie.

Das Kaffeetrinken ist eine arabische Tradition. Die Türken haben Mokka international populär gemacht. In Europa hat Österreich eine lange Kaffeehaustradition und viele Kaffeevariationen.
Heute ist Kaffeetrinken „in". Caffè Latte, Espresso und Cappuccino heißen die Top-Favoriten in Hongkong, New York, Berlin und St. Petersburg. Café-Ketten wie Starbucks, Segafredo und Coffee Bean sind so international wie McDonalds. Cafés sind ideal für die Kommunikation und für Kontakte.

Kaffee	Geografie	andere
....	....	*ideal*

14 **Was macht das?** Schreiben Sie die Preise und lesen Sie laut.

1. *Das sind* ....

2. *Das sind* ....

Das kann ich auf Deutsch

sagen, wie ich heiße, woher ich komme und wo ich wohne

- Wie heißen Sie?

- Woher kommen Sie? / Woher kommst du?

- Wo wohnen Sie?

◆ Ich bin / ich heiße Katja Borowska.
◆ Mein Name ist Marina Álvarez.

◆ Ich komme aus Russland, und Sie? / ... und du?

◆ Ich wohne in Frankfurt.

mich und andere vorstellen

Ich heiße Samira Sundaram. Ich komme aus Indien. / Marina, das ist Frau Schiller. Sie ist Deutschlehrerin. / Das sind Alina und Belal. Sie kommen aus Marokko.

etwas im Café bestellen und bezahlen

Wir möchten zwei Wasser und zwei Orangensaft, bitte. / Zwei Kaffee, bitte! Zahlen, bitte. / Wir möchten bitte zahlen!

Wortfelder

Zahlen von 1 bis 1000

eins, zehn, zwölf, einundzwanzig, dreiunddreißig, sechshundertsechsundsechzig, eintausend

Getränke im Café

der Kaffee, der Tee, der Orangensaft, das Wasser, der Eistee, die Cola

Grammatik

Verbindungen	ich heiß-**e**, du trink-**st**, er/es/sie komm-**t** ..., wir hör-**en**, ihr wohn-**t** ..., sie/Sie arbeit-**en**
sein	ich bin, du bist, er/es/sie ist, wir sind, ihr seid, sie/Sie sind

Aussprache

Wortakzent	'wohnen, 'arbeiten, 'kommen, 'einundzwanzig, 'dreiundachtzig, 'neunhundertneunundfünfzig

Laut lesen und lernen

Entschuldigung, ist hier frei?
Was möchtest du trinken?
Zahlen, bitte!
Zusammen oder getrennt?
Getrennt, bitte.
Das macht 13 Euro 40.
Bitte! Danke! Auf Wiedersehen!

26

2 Im Sprachkurs

1 Im Kurs

1 Hören Sie und lesen Sie mit.

27

2 Fragen Sie im Kurs.

Radiergummi

Heft

Wörterbuch

Kuli

Wie heißt das auf Deutsch?

Was ist ...?

Redemittel

Nicht-Verstehen signalisieren / nachfragen

Entschuldigung, wie bitte?
Können Sie das bitte buchstabieren?
Das verstehe ich nicht. Können Sie das bitte wiederholen?
Können Sie das bitte anschreiben?
Was ist das auf Deutsch?
Wie heißt das auf Deutsch?
Was heißt ... auf Deutsch?

Hier lernen Sie

▶ Sprache im Kurs: etwas nachfragen
▶ mit Wörterbüchern arbeiten
▶ Artikel: *der, das, die / ein, eine*
▶ Verneinung: *kein, keine*
▶ Nomen: Singular und Plural
▶ Komposita: *das Kursbuch*
▶ Wortakzent markieren / Umlaute *ä, ö, ü* hören und sprechen

3 Hören Sie die Fragen und sprechen Sie nach.
27

4 Gegenstände benennen. Lesen Sie die Wörter. Was kennen Sie?

3 die Kreide	der Computer	das Wörterbuch	der Fernseher
die Tafel	der CD-Player	das Lernplakat	das Handy
der Schwamm	die Lampe	der Bleistift	der Kuli
das Papier	das Kursbuch	der Radiergummi	der Overhead-
der Tisch	die Tasche	das Heft	projektor
der Stuhl	der Füller	der Videorekorder	

5 Hören Sie die Wörter aus Aufgabe 4. Ordnen Sie zu.
28 Ü1–2

6 Wortakzent
28

a) Hören Sie die Wörter noch einmal. Markieren Sie die betonten Silben.

die 'Kreide

b) Sprechen Sie nach.

7 Gegenstände im Kursraum.
Fragen Sie Ihre Partnerin /
Ihren Partner.

⌖ 2 Nomen und bestimmter Artikel: *der, das, die*

1 **Artikel im Wörterbuch finden.** Schreiben Sie die Wörter in die Tabelle.

So:

Au|to, das; -s, -s ⟨griech.⟩ (*kurz für Automobil*); T K 54: Auto fahren; ich bin Auto gefahren au|to… ⟨griech.⟩ ⟨selbst…⟩

Com|pu|ter […'pju:…], der; -s, - ⟨engl.⟩ (programmgesteuerte, elektron. Rechenanlage; Rechner)

die Ta|sche ['taʃə]; -, -n: 1. *Teil in einem Kleidungsstück, in dem kleinere Dinge verwahrt werden können: er steckte den Ausweis in die Tasche seiner Jacke; die*

Oder so:

'Tisch *m* (-es; -e) mesa *f*; bei ~, zu ~ a la mesa; vor (nach) ~ antes de la comida (después de la comida; de sobremesa); reinen ~ machen hacer tabla

Tür *f* (-; -en) puerta *f*; (*Wagen2*) portezuela *f*; *fig.* ~ und Tor öffnen abrir de par en par las puertas a; *fig.* offene ~en einrennen pretender demostrar lo evidente; j-m die ~ weisen,

Haus *n* (-es; er) casa *f*; (*Gebäude*) edificio *m*; inmueble *m*; (*Wohnsitz*) domicilio *m*; (*Heim*) hogar *m*; morada *f*; *Parl.* Cámara *f*; (*Fürsten2*) casa *f*, dinastía *f*; (*Familie*) familia *f*; (*Firma*) casa *f* comercial, firma *f*; der Schnecke: concha *f*; *Thea.* sala *f*;

Grammatik	**der** (Maskulinum)	**das** (Neutrum)	**die** (Femininum)
	Computer	....	....
	....	....	....

2 **Mit der Wörterliste von studio d arbeiten.** Zwölf Nomen von Seite acht bis 15. **Finden Sie die Artikel in der Liste auf Seite 231.**

.... Name   .... Foto   .... Pilot   .... Familie

.... Bank   .... Kaffee   .... Frau   .... Büro

.... Mädchen   .... Frage   .... Tisch   .... Polizei

3 **Artikel – Lerntipps**
Ü 3–4

> **!** **Lerntipp 1**
> Wörter und Bilder verbinden, „Artikelgeschichten" ausdenken: ein Film im Kopf

> **!** **Lerntipp 2**
> Mit Farben arbeiten

der Löwe   das Haus   die Tasche
der Videorekorder   das Auto   die Lampe

der Füller

das Haus

> **!** **Lerntipp 3**
> Nomen immer mit Artikel lernen

der Computer

3 Nomen: Singular und Plural

10

---

1 Nomen im Plural. **Wie heißen die Formen im Singular?**

die Tafeln, die Lernplakate, die CD-Player, die Tische, die Stühle, die Schwämme, die Computer, die Videorekorder, die Radiergummis, die Bücher, die Kulis, die Lampen, die Taschen, die Handys, die Hefte, die Lehrerinnen, die Regeln

---

2 **Ordnen Sie die Pluralformen. Machen Sie eine Tabelle an der Tafel.**

Ü5–7

--	~s	~n	~e	~(n)en	~(ä/ö/ü) ~e	~(ä/ö/ü) ~er
der CD-Player die CD-Player	der Kuli die Kulis					

---

 3 Umlaute. **Hören Sie. Welche Variante ist richtig? Kreuzen Sie an.**

29

	Variante 1	Variante 2
können		
hören		
Grüß dich!		
die Tür		
üben		
zählen		

---

 4 Singular und Plural. **Hören und sprechen Sie.**

30

das Buch – die Bücher, der Schwamm – die Schwämme, der Stuhl – die Stühle, das Wort – die Wörter, die Stadt – die Städte

---

5 Wörterbucharbeit. **Finden Sie den Plural? Ergänzen Sie die Regel.**

Haus *n* (-es; ¨er) casa *f*; (*Gebäude*) edificio *m*; inmueble *m*; (*Wohnsitz*) domicilio *m*; (*Heim*) hogar *m*; morada *f*; *Parl.* Cámara *f*; (*Fürsten*Ω) casa *f*, dinastía *f*; (*Familie*) familia *f*; (*Firma*) casa *f* comercial, firma *f*; *der Schnecke*: concha *f*; *Thea.* sala *f*;

Pilot(in *f*) *m* **-en, -en** pilot.
Pilot-: ~**anlage** *f* pilot plant; ~**ballon** *m* pilot balloon; ~**film** *m* pilot film; ~**projekt** *nt* pilot scheme; ~**studie** *f* pilot study.

Kurs *m* (-es; -e) **1.** (*Lehrgang*) curso *m*, cursillo *m*; **2.** ✝ *v. Devisen*: cambio *m*; *v. Wertpapieren*: cotización *f*; (*Umlauf*) circulación *f*; ✝ *zum* ~ *von* al cambio de; al tipo de; *im* ~ *stehen*

Regel Der bestimmte Artikel im Plural ist immer ....

---

6 Artikeltraining. **Das A-B-C-Stopp-Spiel.**

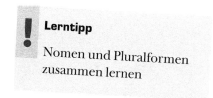

! **Lerntipp**
Nomen und Pluralformen zusammen lernen

A, B, C, D, …

Stopp!

H! Ein Wort mit H!

H? H? – Heft, das Heft, die Hefte!

das Buch – die Bücher

4 Der unbestimmte Artikel: *ein, eine* / Verneinung: *kein, keine*

1 Sehen Sie die Bilder an und lesen Sie.

eine Deutschlehrerin

die Deutschlehrerin
Frau Meier

ein Pilot

der Lufthansa-Pilot
Klaus Bernstein

ein Auto

das Auto von
Michael Schumacher

2 **Zeichnen und raten.**
Hören Sie das Gespräch.
Wer ist das?

1

Ein Mann?

2

Eine Frau?

3

Eine Lehrerin und ein
Buch! Frau Schiller!!

3 **Ein, eine / der, das, die.** Wie heißt der bestimmte Artikel?

ein Foto, eine Tasche, ein Gespräch, ein Baum, eine Tafel, ein Auto,
ein Tisch, ein Fenster, eine Tür, ein Lehrer, eine Sprache, ein Buch

4 **a) Ein, eine → kein, keine.** Fragen und antworten Sie im Kurs.

Handys? − Keine Handys, bitte!   Eis? − Kein Eis!   Hunde? ...   Fahrräder? ...

Wir
müssen
draußen
bleiben

b) Was ist das? Üben Sie.

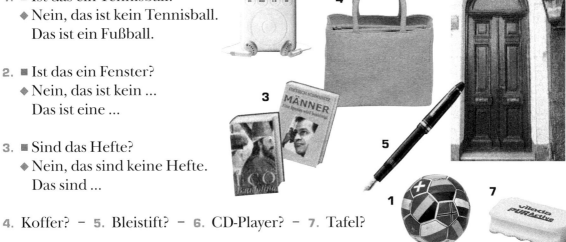

1. ■ Ist das ein Tennisball?
   ◆ Nein, das ist kein Tennisball.
   Das ist ein Fußball.

2. ■ Ist das ein Fenster?
   ◆ Nein, das ist kein ...
   Das ist eine ...

3. ■ Sind das Hefte?
   ◆ Nein, das sind keine Hefte.
   Das sind ...

4. Koffer? – 5. Bleistift? – 6. CD-Player? – 7. Tafel?

5 a) **Artikel systematisch.** Ergänzen Sie die Tabelle.

9 Ü8–9

	bestimmter Artikel	unbestimmter Artikel		Verneinung mit *kein-*	
Singular	der Mann	ein	Mann	kein	Mann
	das Buch	....	....	....	....
	die Frau	....	....	....	....
Plural	die Männer	–	Männer	....	Männer
	die Bücher	–	....	....	....
	die Frauen	–	....	....	....

b) Selbsttest: unbestimmter Artikel. Alles klar?

das Wörterbuch – das Telefonbuch – der Computer – das Foto –
die Lehrerin – die Kursteilnehmerin – das Theater – das Museum

1. ■ Ist das ...*ein*... Wörterbuch?

   ◆ Nein, das ist .... Wörterbuch. Das ist .... Telefonbuch.

2. ■ Ist das .... Computer?

   ◆ Ja.

3. ■ Sind das .... Fotos?

   ◆ Nein, das sind .... Fotos.

4. ■ Ist das .... Lehrerin?

   ◆ Nein, das ist .... Lehrerin. Das ist .... Kursteilnehmerin.

5. ■ Ist das .... Theater?

   ◆ Nein, das ist .... Museum.

5 Schulen, Kurse, Biografien

1 Deutsch ist international. Rosa, Boris und Yafen lernen Deutsch.

Ü10 Lesen Sie die Texte und machen Sie eine Tabelle.

Wer?	Woher sind sie?	Wo leben sie?	Sie sagen: „..."
....	....	....	....
....	....	....	....

Rosa Echevarzu ist Sekretärin. Sie lernt Deutsch im Goethe-Institut in La Paz in Bolivien. Sie kommt aus Santa Cruz. Rosa hat zwei Kinder, Juan und Lisa. Sie gehen in die Schule Santa Barbara in La Paz. Sie lernen Englisch. Rosa möchte Deutsch sprechen. Sie sagt: „Die Deutschkurse im Goethe-Institut sind interessant und gut für meine Arbeit."

Boris Naumenkow kommt aus Kasachstan. Er lernt Deutsch in der Volkshochschule in Frankfurt am Main. Boris ist verheiratet mit Sina. Sie haben zwei Kinder, Lara und Natascha. Boris hat im Moment keine Arbeit. Die Naumenkows leben seit 2001 in Sprendlingen. Sie sprechen Russisch und Deutsch. Lara und Natascha lernen Englisch in der Schule. „Deutschland ist für uns Sprache, Kultur, Heimat."

Zhao Yafen ist Studentin. Sie lebt in Schanghai und studiert an der Tonji Universität. Sie ist 21 und möchte in Deutschland Biologie oder Chemie studieren. Ihre Hobbys sind Musik und Sport. Sie spielt Gitarre. Ihre Freundin Jin studiert Englisch. Sie möchte nach Kanada. Deutsch ist für Yafen Musik. Sie sagt: „Ich liebe Beethoven und Schubert."

6 Kommunikation im Deutschkurs

1 Was machen Sie im Deutschkurs? Schreiben Sie die Verben.

....

antworten

....

2 Fragen, Bitten, Arbeitsanweisungen.

ü11 Wer sagt was? Was sagen beide?
Kreuzen Sie an.

	Kursteilnehmer/in	Kursleiter/in
Was ist das?	▨	▨
Kreuzen Sie an!	▨	▨
Wie heißt das auf Deutsch?	▨	▨
Erklären Sie das bitte!	▨	▨
Sprechen Sie bitte langsamer!	▨	▨
Buchstabieren Sie das bitte!	▨	▨
Können wir eine Pause machen?	▨	▨
Lesen Sie den Text!	▨	▨
Schreiben Sie das bitte an die Tafel!	▨	▨
Ordnen Sie die Wörter!	▨	▨
Machen Sie Ihre Hausaufgaben!	▨	▨

Übungen 2

1 Wie heißt das auf Deutsch?

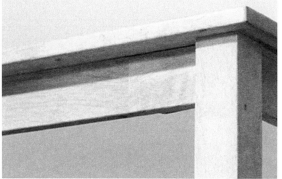

die Tasche

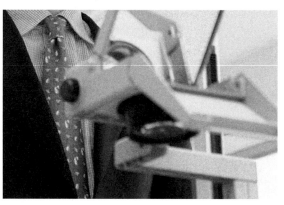

2 Welches Wort passt nicht? Ergänzen Sie auch den Artikel.

1. .... Kursbuch – .... Wörterbuch – .... Lernplakat – .... ~~Tasche~~

2. .... Bleistift – .... Kuli – .... Schwamm – .... Füller

3. .... Computer – .... Handy – .... CD-Player – .... Radiergummi

4. .... Tafel – .... Papier – .... Füller – .... Heft

5. .... Kreide – .... Tisch – .... Stuhl – .... Lampe

3 Ergänzen Sie die Artikel. Verbinden Sie alle Nomen mit dem Artikel *das* mit einer Linie in der richtigen Reihenfolge.

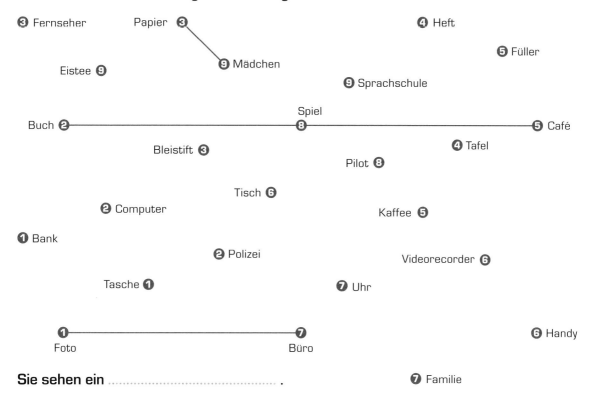

❸ Fernseher   Papier ❸   ❹ Heft

❺ Füller

Eistee ❾   ❾ Mädchen

❾ Sprachschule

Spiel
Buch ❷ ————————— ❽ ————————— ❺ Café

Bleistift ❸   ❹ Tafel

Pilot ❽

Tisch ❻

❷ Computer   Kaffee ❺

❶ Bank

❷ Polizei   Videorecorder ❻

Tasche ❶   ❼ Uhr

❶ ————————— ❼   ❻ Handy
Foto   Büro

Sie sehen ein ....   ❼ Familie

4 Ordnen Sie die Wörter.

Wort – Seite – Bild – Telefon – Kaffee – Supermarkt – Schule –
Frau – Auto – Tasse – Aufgabe – Mensch – Stadt – Saft – Tür – Frage –
Fehler – Antwort – Gruppe – Name – Hobby – Job

der	**das**	**die**

5 Ordnen Sie die Pluralformen. Arbeiten Sie mit der Wörterliste.

die Wohnung, die Wohnungen ...

das Café – der Computer – der Dialog – das Haus – die Person – die Lampe –
die Lehrerin – das Foto – der Preis – der Schwamm – der Stuhl – die Uhr –
das Telefonbuch – das Wort – das Heft – der Videorekorder – der Name

~~	~s	~n	~e

~(n)en	~(ä/ö/ü)~e	~(ä/ö/ü)~er

6 Ordnen Sie die Wörter und ergänzen Sie den Artikel und die Pluralform.

~~Akzent~~ – Antwort – Bleistift – Dialog – Füller – Geschichte – Heft – Text –
Kuli – ~~Schwamm~~ – Radiergummi – Regel – Satz – Tafel – Wort – Lernplakat

Sprache und Sprechen

der *Akzent* , die *Akzente*

...., die ....

...., die ....

...., die ....

...., die ....

...., die ....

...., die ....

...., die ....

...., die ....

Gegenstände im Kursraum

der *Schwamm* , die *Schwämme*

...., die ....

...., die ....

...., die ....

...., die ....

...., die ....

...., die ....

...., die ....

...., die ....

7 Lesen Sie die Wörter von Übung 6 laut.

8 Verneinung. **Ergänzen Sie die Antworten.**

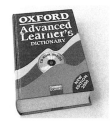

1. Ist das ein Kursbuch?

   Nein, das ist kein Kursbuch.
   Das ist ein Wörterbuch.

2. Ist das ein Kuli?

   Nein, ...

   ....

3. Ist das eine Tafel?

   ....

   ....

4. Ist das ein Radio?

   ....

   ....

9 Lernen Sie Wörter in Paaren.

Deutschlehrerin – Frau – schreiben – ~~nein~~ – Radiergummi – Stuhl – trinken – Tee

der Mann und ....

essen und ....

lesen und ....

der Bleistift und ....

ja oder ..... *nein* ....

der Kursteilnehmer und ....

....

der Kaffee oder ....

der Tisch und ....

Otto Dix (1891–1969), Bildnis der Eltern, 1924

10 Biografien. Wer ist wer? **Ergänzen Sie die Namen.**

Heidi Klum kommt aus Bergisch Gladbach. Sie ist Model und präsentiert Mode von internationalen Designern. Sie hat eine Mode-Kollektion und sie macht Werbung für H&M und McDonalds. Heidi Klum arbeitet international, in Paris, New York, Mailand und Düsseldorf. Sie spricht Deutsch, Englisch und Französisch. Heidi Klum wohnt in Manhattan und in Bergisch Gladbach. Sie hat eine Tochter, Leni. Designer-Mode ist ihr Job, zu Hause mag sie aber Jeans und T-Shirts. Sie macht viel Sport: Ballett und Jazz-Dance.

Arnold Alois Schwarzenegger (geb. 1947) – seine Freunde sagen Arnie – kommt aus Österreich, aus Thal in der Steiermark. Sein Hobby und sein Beruf in Österreich war Body Building. Er lebt seit 21 Jahren in Amerika. Er hat in Los Angeles Ökonomie studiert. Er spricht Deutsch, Englisch und ein bisschen Spanisch: *Hasta la vista Baby* – ein Satz aus dem Film „Terminator 2". Arnold Schwarzenegger ist verheiratet mit Maria Shriver. Sie haben vier Kinder. Die Familie wohnt in Kalifornien. Er war Filmstar, jetzt ist er Politiker: Gouverneur von Kalifornien. Eine fantastische Karriere!

1. .... kommt aus der Steiermark.

2. .... ist Model.

3. .... arbeitet international.

4. .... war Filmstar und ist heute Politiker.

5. .... spricht Deutsch, Englisch und Französisch.

6. .... hat eine Tochter.

7. .... wohnt in Manhattan.

8. .... mag Ballett und Jazz-Dance.

9. .... hat in Los Angeles studiert.

11 Sprache im Kurs. **Ergänzen Sie die Verben.**

ergänzen – heißen – hören – lesen – schreiben – buchstabieren

1. .... Sie den Text bitte langsam.

2. Wie .... der bestimmte Artikel?

3. .... Sie Sätze.

4. .... Sie die Tabelle.

5. .... Sie den Dialog.

6. .... Sie das Wort.

Das kann ich auf Deutsch

im Kurs etwas nachfragen

Entschuldigung, wie bitte?
Können Sie das bitte buchstabieren?
Das verstehe ich nicht.
Können Sie das bitte wiederholen?
Wie heißt das auf Deutsch?

Wortfelder

Wörter im Kursraum

lesen, schreiben, hören, buchstabieren, wiederholen, anschreiben ...
das Wörterbuch, das Lernplakat, die Tafel ...

Grammatik

Singular und Plural

der Computer – die Computer, **das** Buch – die Bücher, **die** Tafel – die Tafeln ...

unbestimmter und bestimmter Artikel

ein Foto – **das** Foto von Leonardo di Caprio

Verneinung: *kein*

Das ist **kein** Foto, das ist ein Heft.

Komposita

das Computerspiel = der Computer, **das** Spiel

Aussprache

Umlaute *ä, ö, ü*

zählen, der Löwe, die Bücher

Laut lesen und lernen

32

Was ist das?
Keine Ahnung!
Wie heißt das auf Deutsch?
Sprechen Sie bitte langsamer!
Können wir eine Pause machen?
Erklären Sie das bitte!
Erklären Sie das bitte noch einmal!
Können Sie das bitte anschreiben?

1 Grüße aus Europa

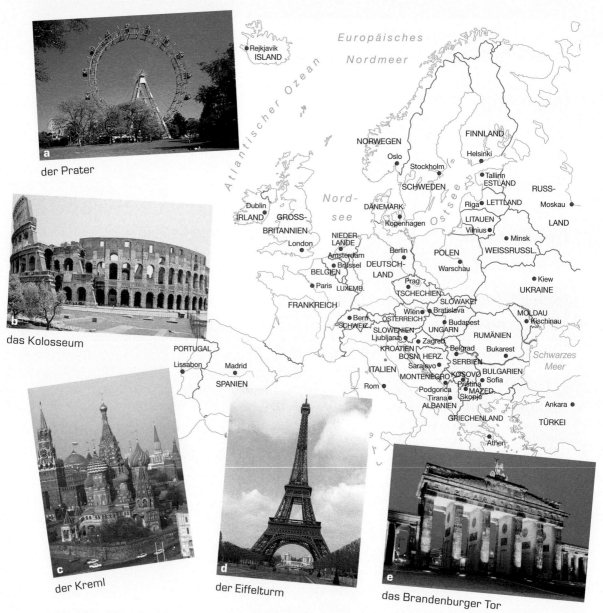

der Prater

das Kolosseum

der Kreml

der Eiffelturm

das Brandenburger Tor

1 **Sehenswürdigkeiten in Europa. Was kennen Sie?**
Ordnen Sie zu und ergänzen Sie. Arbeiten Sie mit der Karte.

der Eiffelturm → Paris → Frankreich
das Kolosseum → Rom → ...

2 **Hören Sie. Worüber sprechen die Personen?**
Kreuzen Sie an:

33

- Eiffelturm
- Berlin
- Österreich

- Brandenburger Tor
- Wien
- Frankreich

- Prater
- Paris
- Deutschland

Hier lernen Sie

▶ über Städte und Sehenswürdigkeiten sprechen
▶ über Länder und Sprachen sprechen
▶ die geografische Lage angeben
▶ das Präteritum von *sein*
▶ W-Frage, Aussagesatz und Satzfrage
▶ Satzakzent in Frage- und Aussagesätzen

3 Satzakzent

34 Ü1

a) Hören Sie den Text und markieren Sie die Satzakzente.

Was 'ist das?	Das ist das Kolosseum.
Und wo ist das?	Das Kolosseum ist in Rom.
Aha, und in welchem Land ist das?	Rom ist in Italien.

b) Sprechen Sie nach!

4 Sehen Sie die Postkarten an. Fragen Sie im Kurs.

Ü 2–3

Chichén Itza

SINGAPORE

The Malina is Singapore's newest shopping and entertainment district.

Das ist das Convention Center.

Das ist in Singapur. Das Convention Center ist in Singapur.

Das ist in Asien. Singapur ist in Asien.

Redemittel

so kann man fragen	so kann man antworten
Was ist das?	Das ist ...
Wo ist denn das?	Das ist in ...
In welchem Land ist das?	... ist in ...

5 Zeigen Sie Fotos. Fragen und antworten Sie. Achten Sie auf die Satzakzente.

Was ist das?

Das ist ...

Und wo ist das?

Das ist in ...

Minimemo

Die meisten Ländernamen haben keinen Artikel!

Lernen Sie:

die Schweiz / in der Schweiz
die USA / in den USA
die Türkei / in der Türkei
die Slowakei / in der Slowakei
der Iran / im Iran

2 Menschen, Städte, Sprachen

 1 **Ein Treffen im Café.** Hören Sie den Dialog und lesen Sie.

35

- ■ Hallo Silva!
- ◆ Hallo Carol-Ann! Wie geht's?
- ■ Danke, gut. Trinken Sie auch einen Kaffee?
- ◆ Ja, gern. Und sag doch „du"!
- ■ Okay! Und woher kommst du?
- ◆ Ich komme aus Milano. Warst du schon mal in Milano?
- ■ Nein. Wo ist denn das?
- ◆ Das ist in Italien.
- ■ Ach, Mailand!
- ◆ Ja, genau, warst du schon mal in Italien?
- ■ Ja, ich war in Rom und in Neapel und John war in Venedig.

2 **Städte auf Deutsch – und in Ihrer Sprache?** Ergänzen Sie.

Mailand: *Milano (italienisch),* ....

München: *Munich (englisch), Monaco di Baviera (italienisch),* ....

Brüssel: ....

Warschau: ....

Wien: ....

Zürich: ....

Prag: ....

 3 **Satzakzent und Melodie in Fragen**

36

a) Hören Sie den Unterschied?

Woher 'kommen Sie?   Und woher 'kommen Sie?

b) Markieren Sie die Melodie.

Woher kommen Sie?   Waren Sie schon mal in Italien?

Woher kommst du?   Warst du schon in Innsbruck?

 c) Sprechen Sie nach und üben Sie.

37

 4 **Warst du schon in ...? Wo ist denn das?** Üben Sie.

a)

- ■ Warst du schon mal in Bremen?
- ◆ Nein, wo ist denn das? / Ja, da war ich schon.
- ■ In Deutschland.

- ■ Warst du schon mal in ...?
- ◆ ...

b)

- ■ Wo warst du gestern?
- ◆ Gestern war ich in Hamburg, und du?
- ■ Ich war in ...

5 Orientierung auf der Landkarte.

Ü4 **Üben Sie im Kurs.**

6 Städteraten. Arbeiten Sie mit der Landkarte. Üben Sie mit anderen Städten.

Ü5–6

7 Leute kennen lernen – Gespräche. Spielen Sie im Kurs.

Woher kommst du?

Wo liegt denn ...?

Warst du schon mal in ...?

Wo waren Sie gestern?

3 *Warst du schon in ...?* **Fragen und Antworten**

1, 2, 16

1 **Präteritum** *sein.* **Ergänzen Sie die Tabelle.**

Ü 7–8

Grammatik			
ich	....	wir waren	
du	....	ihr wart	
er/es/sie	....	sie waren	
		Sie waren	

2 **Die W-Frage – der Aussagesatz – die Satzfrage**

a) Lesen Sie und vergleichen Sie.

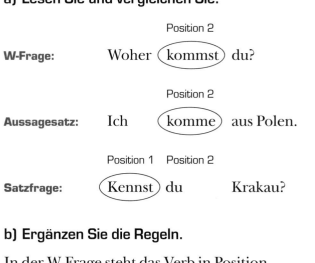

Position 2

W-Frage: Woher (kommst) du?

Position 2

Aussagesatz: Ich (komme) aus Polen.

Position 1   Position 2

Satzfrage: (Kennst) du   Krakau?

b) Ergänzen Sie die Regeln.

In der W-Frage steht das Verb in Position ....

Im Aussagesatz steht das Verb in Position ....

In der Satzfrage steht das Verb in Position ....

3 **Personenraten im Kurs: Wer ist das?**

Ü 9–10 **Ein Kursteilnehmer fragt, die anderen antworten nur mit** *Ja/Nein.*

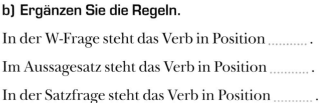

Kommt er aus ...?

Spricht sie ...?

Wohnt sie jetzt in ...?

Ist das in ...?

Das ist ...!

 4 **Satzakzent und Information. Hören Sie den Text und markieren Sie die Akzente.**

38

Das ist Michael.
Michael kommt aus München.
Michael kommt aus der Hauptstadt München.
Michael kommt aus der bayrischen Hauptstadt München.

4 Über Länder und Sprachen sprechen

1 D, A, CH und die Nachbarn. **Wie heißen die Nachbarn?**

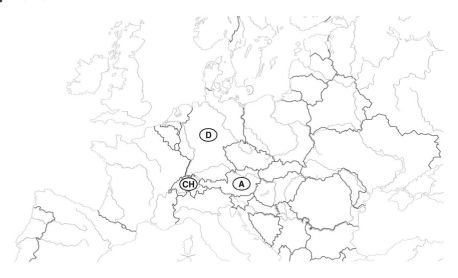

2 Sprachen in Europa. **Beschreiben Sie die Grafik.**

49 Prozent sprechen Englisch. 34 ...

1 Prozent spricht ...

Sprachen in Europa als Mutter- und Fremdsprachen (in %) Stand: 2001

Englisch 49
Deutsch 34
Französisch 31
Italienisch 18
Spanisch 14
Niederländisch 6
Schwedisch 3
Portugiesisch 3
Griechisch 3
Dänisch 2
Finnisch 1

3 **Hören Sie die Wörter.
Ordnen Sie die Paare.
Wo wechselt der Akzent?**

39

'Dänemark – 'Dänisch   'Frankreich – Fran'zösisch

'Tschechien – 'Tschechisch; Slowakei – Slowakisch; Polen – Polnisch; Italien – Italienisch

4 Sprachen im Kurs. **Machen Sie eine Tabelle.**

Ü 11

Ich heiße Laura und komme aus Italien. Dort spricht man Italienisch und in Südtirol auch Deutsch. Ich spreche auch Englisch und Spanisch.

Name	Land	Sprachen

5 Konversation. Üben Sie.

Sprechen Sie Deutsch?

Ich kann ...

Und woher kommen Sie?

Ich komme aus ...

Welche Sprache(n) sprechen Sie?

Ich spreche etwas Englisch und ...

Wo liegt denn das?

Das liegt ...

Redemittel

über Sprachen sprechen

Sprechen Sie ...? / Sprichst du ...?
Was sprechen Sie? / Was sprichst du?
Welche Sprache(n) sprechen Sie? / sprichst du?
Welche Sprachen spricht man in ...?
Was spricht man in ...?

Ich spreche ...

Bei uns spricht man ...

6 Mehrsprachigkeit in Europa. Was verstehen Sie?

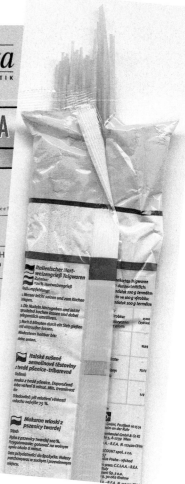

7 Name – Stadt – Region – Land – Sprachen

Ich-Texte schreiben

Ich heiße ...
Ich komme aus ... Ich wohne jetzt in ...
Bei uns in ... spricht man ...

5 Deutsch im Kontakt

1 **Was passiert wo?** Lesen Sie die Texte und ergänzen Sie die Orte.

Ü 12

1. Im bilingualen Kurs lernen die Kinder Deutsch, Englisch und Tschechisch.

   ....

2. Im Euregio-Projekt kooperieren zwei Länder.

   ....

3. In dieser Region kooperieren Universitäten.

   ....

Pirna/Sachsen –
Friedrich-Schiller-Gymnasium

Am *Friedrich-Schiller-Gymnasium* in Pirna
lernen Schülerinnen und Schüler aus
Deutschland (Sachsen) und Tschechien.
Im bilingualen Kurs lernen die Kinder
Englisch und Tschechisch.

„Euregios" sind Nachbar-
regionen in der EU.
Die Regionen kooperieren
international über
die nationalen Grenzen.

In der Euregio SaarLorLux
zwischen dem Saarland,
Lothringen und Luxemburg
gibt es viele ökonomische,
akademische und kultu-
relle Kooperationen. Jeden
Tag fahren mehr als
120 000 Menschen über
die Grenzen zur Arbeit.

EUROPASS
Berufsbildung

Europäische Union

Die Steiermark (Österreich) und
Slowenien sind Nachbarn. Im
Euregio-Projekt kooperieren sie
in der Telekommunikation, im
Tourismus und im Verkehr.

euregio
steiermark-slowenien

2 Suchen Sie die Länder und Regionen auf den Karten auf Seite 44 und Seite 47.

3 **Mehrsprachigkeit in Ihrem Land.** Nennen Sie Beispiele.

Übungen 3

1 Grüße aus Europa. **Verbinden Sie.**

Was ist das?	1	a	Das Schloss Sanssouci ist in Potsdam.
Und wo ist das?	2	b	Das ist in Deutschland.
In welchem Land ist das?	3	c	Das ist das Schloss Sanssouci.

2 Kennen Sie das? **Schreiben Sie Sätze.**

das Schloss Sanssouci

der Maintower

die Semperoper

der Zytgloggeturm

der Stephansdom

1. Das ist das Schloss Sanssouci. Das Schloss Sanssouci ist ...
2. ...

3 Wo ist das? Hören Sie und verbinden Sie die Namen, die Städte und die Länder.

A Frank ————— 1 Interlaken		a in den USA
B Mike	2 Bratislava	b in Deutschland
C Nilgün	3 San Diego	c in der Schweiz
D Stefanie	4 Koblenz	d in der Türkei
E Swetlana	5 Izmir	e in der Slowakei

4 Städtenamen. Ordnen Sie die Buchstaben.
Die Städte finden Sie in der Karte auf S. 52.

1. A-Z-B-U-L-S-R-G ....
2. B-E-I-L-N-R ....
3. Ü–R–C–H–Z–I ....
4. Z-N-A-I-M ....
5. S-Ü-D-D-E-L-R-O-F-S ....
6. B-R-I-C-K-N-N-S-U ....

5 Wo liegt ...? Beschreiben Sie.

1. Augsburg – München: *Augsburg liegt nordwestlich von München.*
2. Linz – Wien: ....
3. Innsbruck – Salzburg: ....
4. Wiesbaden – Frankfurt am Main: ....
5. Erfurt – Weimar: ....
6. Frankfurt an der Oder – Berlin: ....
7. Lübeck – Hamburg: ....
8. Bremen – Hannover:

....

9. Bonn – Köln:

....

10. Bern – Basel:

....

11. Stade – Hamburg:

....

11. Dessau – Magdeburg:

....

nördlich von
im **Norden** von

nordwestlich von   nordöstlich von

westlich von   östlich von
im **Westen** von   im **Osten** von

südwestlich von   südöstlich von

im **Süden** von
südlich von

6 **Im Café.** Ergänzen Sie die Sätze und kontrollieren Sie mit der CD.

41

aus – aus Spanien – bitte – frei – gern –
Entschuldigung – ich – im Deutschkurs –
komme – kommst – sagen – schon mal –
südwestlich – trinkst – warst – wo – woher

Carmen: .... , ist

hier .... ?

Antek: Ja, ... Sind

Sie auch .... ?

Carmen: Ja. .... wir „du"?

Antek: Okay, ... kommst du?

Carmen: Ich .... aus España.

Antek: Ach, ...

Carmen: Ja, aus Spanien. .... du ....

in Spanien?

Antek: Ja, ... war in Madrid und Sevilla.

Und woher .... du?

Carmen: .... Córdoba.

Antek: Das kenne ich nicht. .... liegt das?

Carmen: .... von Madrid. .... du auch Kaffee?

Antek: Ja, ... – Zwei Kaffee, bitte!

7 Ergänzen Sie das Präsens von *sein.*

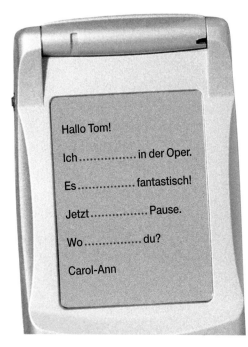

Hallo Tom!

Ich .... in der Oper.

Es .... fantastisch!

Jetzt .... Pause.

Wo .... du?

Carol-Ann

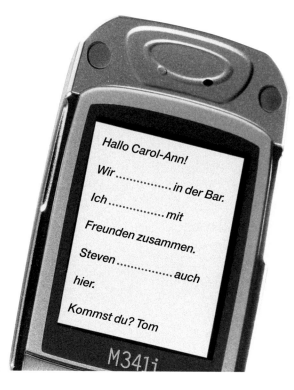

Hallo Carol-Ann!

Wir .... in der Bar.

Ich .... mit

Freunden zusammen.

Steven .... auch

hier.

Kommst du? Tom

M341i

8 **Eine Postkarte.** Ergänzen Sie das Präteritum von *sein*.

Hallo Silva,

gestern .... wir in Mailand.

Es .... sehr schön. Ich

.... in der Mailänder Scala!

.... du schon mal in der

Scala? Wir .... dann noch

in einer Bar: italienischer Wein ... Mmmmh!

Tschüss, Carol-Ann

Silva Agnelli

Fichtestraße 15

D–10961 Berlin

Germania

9 **Ein Treffen im Café.** Schreiben Sie Sätze und lesen Sie den Dialog.

1. du – Woher – kommst – ?

■ ....

2. Russland – aus – komme – Ich

◆ ....

3. mal – war – schon – in – Ich – Moskau

■ ....

4. Russisch – Sprichst – du – ?

◆ ....

5. ich – Nein – Englisch – spreche – und – Französisch – Deutsch

■ ....

6. zusammen – wir – Trinken – Kaffee?

◆ ....

10 **Was passt zusammen? Verbinden Sie.**

Woher kommst du? **1**	**a**	Ja, aus Izmir.
Kommt Nilgün aus der Türkei? **2**	**b**	Ja, in Coimbra.
Ist das in München? **3**	**c**	Aus Mainz.
Wohnt sie jetzt in Portugal? **4**	**d**	Nein, wo ist das?
Sprechen Sie Englisch? **5**	**e**	Nein, das ist in Salzburg.
Kennst du das Schloss Sanssouci? **6**	**f**	Ja, gern.
Trinken Sie auch einen Kaffee? **7**	**g**	Nein, nur Französisch und Deutsch.

11 **Sprachen in den Nachbarländern von Deutschland. Ergänzen Sie.**

Dänisch – Deutsch – Deutsch – Deutsch – Flämisch – Französisch – Französisch –
Französisch – Französisch – Italienisch – Letzeburgisch – Niederländisch – Polnisch –
Tschechisch – ~~Rätoromanisch~~

Land	*Sprache(n)*
Frankreich	....
Belgien	....
Luxemburg	....
Dänemark	....
Polen	....
Tschechien	....
Österreich	....
Schweiz	*Rätoromanisch,* ....
Niederlande (Holland)	....

Welche Sprachen spricht man in Ihrem Land?

12 **Euregio. Lesen Sie den Text und ergänzen Sie die Verben.**

Euro-Region Rhein-Maas

Euregios .... Nachbarregionen

in der EU. Die Regionen kooperieren inter-

national über die Grenzen. In der Euregio

Rhein-Maas zwischen Deutschland, den

Niederlanden und Belgien ....

es viele ökonomische, akademische und kulturelle

Kooperationen. Jeden Tag ....

viele Menschen über die Grenzen zur Arbeit.

An der Realschule Hückelhoven nördlich von Aachen ....

Schülerinnen und Schüler aus Deutschland Niederländisch und Französisch.

Das kann ich auf Deutsch

über Städte und Sehenswürdigkeiten sprechen

Warst du schon mal in ...? Wo ist das? In welchem Land ist das?

die geografische Lage angeben

Potsdam liegt südwestlich von Berlin.

- ■ Wo liegt denn Innsbruck? ◆ Südlich von München.

über Länder und Sprachen sprechen

- ■ Welche Sprachen sprechen Sie / sprichst du? ◆ Englisch, Russisch und etwas Deutsch.
- ■ Sprichst du Russisch? ◆ Nein, ich spreche Tschechisch.
- ■ Welche Sprache(n) spricht man in ...? ◆ In Polen spricht man Polnisch.

Wortfelder

geografische Lage

im Norden von ..., nordwestlich von ..., östlich von ...

Sprachen

Türkisch, Tschechisch, Italienisch ...

Grammatik

Präteritum von *sein*

Waren Sie schon in ...? Ich **war** in ...

W-Frage

Woher (kommst) du?

Aussagesatz

Ich (komme) aus Tunesien.

Satzfrage

(Kennst) du Tunis?

Aussprache

Satzakzent

Was 'ist das?

Wortakzent

'Dänisch/Fran'zösisch

Laut lesen und lernen

42

- ■ Warst du schon mal in Singapur? ◆ Nein, noch nie.

Wo warst du gestern?

4 Menschen und Häuser

1 Wohnen in Deutschland, Österreich und der Schweiz

das Hochhaus

das Bauernhaus

das Zimmer im Studentenwohnheim

1 **Wer wohnt wo? Lesen Sie die Texte und ordnen Sie zu.**

1. ▨ Norbert Kranz, 43, und Antje van Hecke, 33, kommen aus Köln. Ihre Wohnung im 12. Stock ist hell und groß. Sie kostet 800 Euro. Das finden Norbert und Antje teuer.

2. ▨ Petra Galle, 39, und ihr Mann Guido, 41, wohnen in Olpe. Sie haben zwei Kinder: Tim, 9, und Annika, 7 Jahre alt. Sie haben ein Haus mit Garten. Petra findet: „Unser Garten ist groß."

3. ▨ Ulli Venitzelos, 49, und seine Kinder Rolf, 22, und Simone, 17, haben eine Altbauwohnung in Hamburg. Sie leben gern in der Stadt.

4. ▨ Anja Jungbluth, 24, hat ein Zimmer im Studentenwohnheim. Das Zimmer ist 14 m² groß. Anja findet ihr Zimmer sehr klein.

5. ▨ Bruno und Heide Glück, beide 71, wohnen auf dem Land. Ihr Haus ist ziemlich alt. Sie sagen: „Unser Haus liegt sehr ruhig."

Hier lernen Sie

▶ eine Wohnung beschreiben
▶ über Personen und Sachen sprechen
▶ Possessivartikel im Nominativ
▶ Artikel im Akkusativ
▶ Adjektive im Satz
▶ Graduierung mit *zu*
▶ Konsonanten *ch*, Wortakzent in Komposita, etwas besonders betonen (Kontrastakzent)

das Einfamilienhaus

die Altbauwohnung

2 **Texte lesen und verstehen. Ergänzen Sie die Sätze.**

Ü1

1. Norbert und Antje wohnen im 12. ....

   Ihre .... ist .... und groß, aber auch

   sehr ....

2. Petra Galle und ihr Mann Guido .... in Olpe. Sie haben ein

   .... mit Garten. Petra findet ihren ....

   ....

3. Ulli, Rolf und Simone wohnen in der ....

   Sie haben eine .... in Hamburg.

4. Anja wohnt im .... Sie sagt: „Mein ....

   ist sehr ....“

5. Bruno und Heide haben ein Haus auf dem .... Ihr Haus ist

   .... und liegt sehr ....

2 Wohnungen

1 **Wie heißen die Zimmer?** Das Wörterbuch oder die Wörterliste helfen.

1. wohnen: *das Wohnzimmer*

2. essen: ....

3. schlafen: ....

4. baden: ....

5. Kinder: ....

6. kochen: *die Küche*

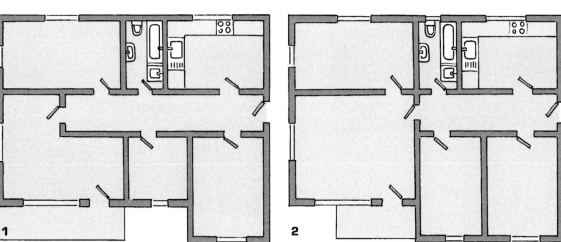

2 **Ulli Venitzelos beschreibt seine Wohnung**

43 Ü2

a) Hören Sie. Welche Zeichnung passt?   links   rechts

1   **2**

b) Hören Sie noch einmal und lesen Sie. Ergänzen Sie die Namen der Räume oben.

Unsere Wohnung hat vier Zimmer, eine Küche, ein Bad und einen Balkon. Hier links
ist das Zimmer von Rolf. Sein Zimmer ist groß, aber was für ein Chaos! Rechts ist die
Küche. Unsere Küche ist wirklich schön – groß und hell. Das Bad hat kein Fenster und
ist klein und dunkel. Unser Wohnzimmer hat nur 17 qm, aber es hat einen Balkon!
Der Balkon ist groß. Hier rechts ist das Zimmer von Simone. Ihr Zimmer ist auch
groß und hell! Mein Zimmer ist sehr klein. Der Flur ist lang und meine Bücherregale
haben hier viel Platz! Unsere Wohnung kostet 600 Euro, das ist billig!

3 **Kochen – Küche.** Aussprache von *ch*.

44

a) *ch* wie *kochen* oder wie *Küche*? Ordnen Sie zu.

~~acht~~ – ~~Österreich~~ – richtig – auch – das Buch –
das Mädchen – östlich – welcher – das Gespräch – gleich – doch – machen – München –
suchen – nicht – sprechen – die Sprache –
die Bücher – ich – möchten – die Technik

ch wie kochen [x]	*ch* wie Küche [ç]
acht	Österreich
....	....

b) Hören Sie die Wörter, kontrollieren Sie Ihre Tabelle und ergänzen Sie die Regel.

Regel   *ch* nach den Vokalen .... wie in *kochen*, sonst wie in *Küche*.

3 Possessivartikel im Nominativ

9.5

1 Meine Bücher – deine Videos – unsere Wohnung.
Lesen Sie die Dialoge und sammeln Sie die Possessivartikel in Aufgabe 1.1 und
Aufgabe 2.2 und ergänzen Sie die Tabelle.

Das ist meine Vase!

Deine Vase? Nein, das ist meine Vase.

Hier bitte, _deine_ Vase!

Das ist unser Auto!

Nein, das ist unser Auto!

Aber nein, _das_ ist unser Auto!

Grammatik

Personal- pronomen	Possessivartikel Singular			Plural
	der Balkon	das Zimmer	die Küche	die Balkone/ Zimmer/ Küchen
ich	mein			
du		dein		deine
er			seine	
es	sein			
sie				ihre
wir			unsere	
ihr	euer		eure	
sie	ihr			
Sie	Ihr		Ihre	

2 Hören Sie die Dialoge. Markieren Sie die Kontrastakzente.

45

- Ist das 'dein Auto? ◆ Ja, das ist mein Auto.

- Ist das dein Heft? ◆ Nein, das ist das Heft von Hassan, das ist sein Heft.
  ◆ Nein, das ist das Heft von Fatma, das ist ihr Heft.

3 Ist das dein ...? Fragen und antworten Sie. Achten Sie auf die Kontrastakzente.

Ü 3–4

- Ist das dein Wörterbuch? ◆ Ja, das ist mein ...
  ◆ Nein, das ist das Wörterbuch von ...

- Ist das deine CD / dein Kuli / ...? ◆ Ja, ...
  ◆ Nein, ...

4 Zimmer beschreiben – Adjektive

 1 Wie sind die Zimmer? Hören Sie den Text von Seite 60 noch
einmal und ergänzen Sie die Tabelle.

43

	Adjektiv
das Zimmer von Ulli	....
die Küche	....
das Bad	....
das Wohnzimmer	....
der Balkon	....
der Flur	....

hell   dunkel   lang

klein   groß   schön

2 **Wortschatz systematisch lernen.** Ergänzen Sie das Gegenteil.

Ü5

1. groß ....

2. .... dunkel

3. billig ....

4. neu ....

5. .... leise

> **!** **Lerntipp**
>
> **Adjektive immer mit
> dem Gegenteil lernen!**
>
> schön – hässlich
> lang – kurz

 3 **Akkusativ**

9.4

a) Lesen Sie die Dialoge und markieren Sie die Artikel
im Akkusativ.

Grammatik

Nominativ	Akkusativ	
der/ein Balkon	den/einen Balkon	Ich finde den Balkon zu klein.
das/ein Haus	das/ein Haus	Ich finde das Haus teuer.
die/eine Toilette	die/eine Toilette	Ich finde die Toilette zu klein.

 b) Sprechen Sie über eine bestimmte Wohnung. Üben Sie im Kurs.

Ich finde den Balkon / die Küche / das Bad / den Flur / ...
zu groß / zu dunkel / zu klein. ... Ich finde ...

Eine Traumwohnung?

a) Lesen Sie und beschreiben Sie die Bilder.

Ich habe kein Arbeitszimmer!

Sehr schön!

Das ist die Küche.

... und viel zu klein!

Hier ist das Arbeitszimmer.

Oh, sind das alle deine Bücher?

Ihr Wohnzimmer hat keinen Balkon!

Das ist unser Wohnzimmer. Das ist ziemlich groß.

Ja, und so hell!

Ja, wirklich? – Danke!

Ich finde deine Wohnung sehr schön!

... und zu teuer.

Entschuldigung, wo ist eure Toilette?

Redemittel

Wohnungen beschreiben und kommentieren

Meine Wohnung		zu teuer/dunkel/klein/laut.
Die Küche / Der Balkon	ist	groß/hell/modern/alt.
Das Kinderzimmer		ein Traum.

Das		das Zimmer von Rolf.
Rechts (daneben) / Links	ist	der Balkon /das Bad /die Küche.
Hier		

Meine Wohnung		drei Zimmer.
Mein Haus	hat	(k)einen Garten.
Das Haus von Guido und Petra Galle		(k)ein Arbeitszimmer.
		(k)eine Küche.

		den Garten	schön.
Ich	finde	das Haus	zu groß.
		die Kinderzimmer	chaotisch.

b) Zeichnen Sie eine Wohnung und geben Sie das Bild weiter. Ihre Partnerin / Ihr Partner beschreibt die Wohnung.

5 Wörter bauen

1 Komposita

11 Ü9

a) Der, das, die? Ergänzen Sie. Die Artikel finden Sie in der Wörterliste.

.... Küchentisch   .... Schreibtischlampe   .... Bücherregal

b) Möbel zu Hause. Finden Sie mehr Beispiele.

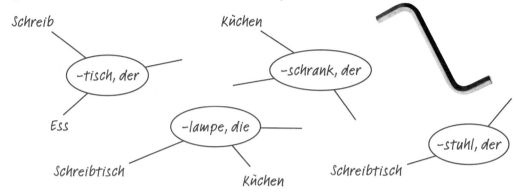

Schreib — *-tisch, der* — Ess — Schreibtisch

Küchen — *-schrank, der*

-lampe, die — Küchen

-stuhl, der — Schreibtisch

c) Wie ist die Regel?

die Bücher   <u>das</u> Regal

    <u>das</u> Bücherregal

Regel Ein Bücherregal ist ein Regal. Regal ist das Grundwort. Das Grundwort bestimmt den ....

2 Hören Sie die Wörter. Markieren Sie den Wortakzent. Wie ist die Regel?

46

1. der Schreibtisch   3. das Bücherregal   5. der Küchenschrank
2. der Esstisch   4. die Küchenlampe   6. der Bürostuhl

Regel Die Betonung ist immer auf dem ▪ ersten / ▪ zweiten Wort.

3 Wo stehen die Möbel? Ordnen Sie zu. Es gibt mehrere Möglichkeiten.

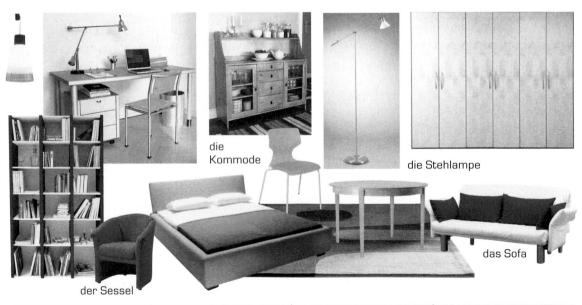

die Kommode

die Stehlampe

das Sofa

der Sessel

das Wohnzimmer	die Küche	das Arbeitszimmer	das Schlafzimmer
das Sofa			

6 Wortschatz systematisch lernen

1 Probieren Sie verschiedene Techniken für das Lernen von Wörtern aus. Lesen Sie die Lerntipps und sprechen Sie darüber im Kurs.

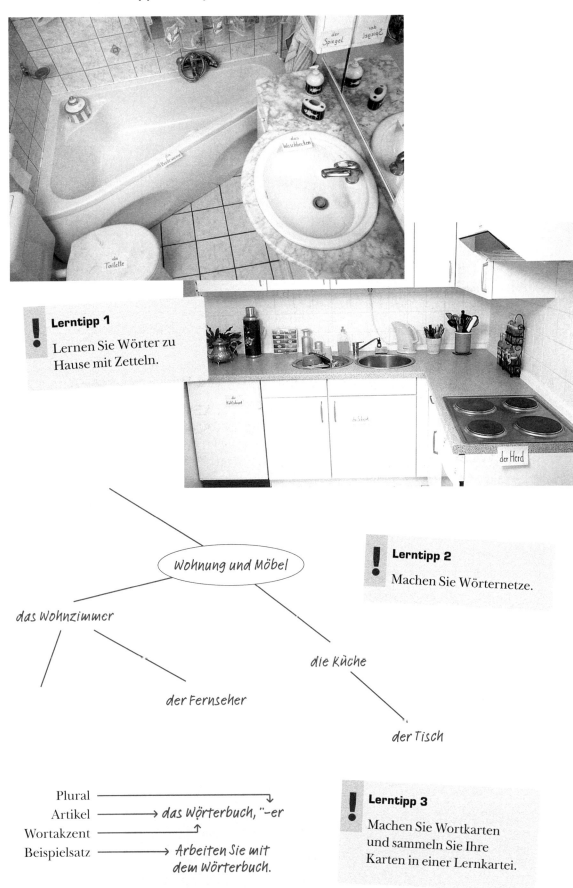

Lerntipp 1

Lernen Sie Wörter zu Hause mit Zetteln.

Lerntipp 2

Machen Sie Wörternetze.

Wohnung und Möbel

das Wohnzimmer

der Fernseher

die Küche

der Tisch

Plural
Artikel ⟶ das Wörterbuch, "-er
Wortakzent
Beispielsatz ⟶ Arbeiten Sie mit
dem Wörterbuch.

Lerntipp 3

Machen Sie Wortkarten und sammeln Sie Ihre Karten in einer Lernkartei.

7 Der Umzug

1 **Umzugschaos.** **Wer macht was? Lesen Sie die E-Mail.**
Ü10-11 **Ordnen Sie die Informationen zu.**

Liebe Sonja,

unser Umzug ist ein Chaos! Meine Bücher sind schon in den Umzugskartons.
Bernd packt seine CDs und seine Videos. Nils und Frauke packen ihre Bücher. Und ich?
Ich mache jetzt Pause, trinke Kaffee und schreibe E-Mails. Ein Glück – der Computer
funktioniert noch.
Nils fragt 15-mal pro Tag: „Ist mein Zimmer groß?" „Ja, Nils, dein Zimmer ist groß."
„Und das Zimmer von Frauke?" „Jaaaa, ihr Zimmer ist auch groß." Zwei Kinder –
ein Kinderzimmer, das war hier immer ein Problem.
Mein Schreibtisch, die Waschmaschine und der Herd sind schon in der neuen Wohnung
in der Schillerstraße 23. Die Postleitzahl ist: 50122. Die Wohnung ist 120 qm groß, Alt-
bau, sehr zentral in der Südstadt, im 3. Stock, 5 Zimmer (!!!), Küche, Bad, Balkon und
ein Garten. Das Wohnzimmer hat vier Fenster, es ist hell und ca. 35 qm groß, der Flur ist
breit und lang. Wir hatten einfach Glück – die Wohnung ist ein Traum und nicht teuer.
Aber unser Esstisch steht jetzt im Wohnzimmer – die Küche ist zu klein!
Armer Bernd! Er arbeitet viel, aber sein Rücken macht Probleme, der Herd war doch zu
schwer ...
Du siehst, wir brauchen deine Hilfe!!!

Viele Grüße und bis morgen
deine Kirsten

		a schreibt E-Mails.
		b hat Rückenschmerzen.
Bernd	1	c packt seine CDs und Videos.
Kirsten	2	d packen ihre Bücher.
Nils und Frauke	3	e bekommt eine E-Mail.
Sonja	4	f kommt morgen und hilft.
		g macht Pause und trinkt Kaffee.

8 Wohnen interkulturell

1 Wohnformen. Sehen Sie die Fotos an und ordnen Sie die Sätze zu. Ein Foto ist nicht aus Deutschland und ein Foto ist 100 Jahre alt.

1. ☐ Um 1900 haben viele Familien in Deutschland nur ein Zimmer.
2. ☐ Jedes Kind hat ein Zimmer.
3. ☐ Die Möbel sind ziemlich groß und dunkel. Das Zimmer ist sehr voll.
4. ☐ Das Treppenhaus ist kein Spielplatz.
5. ☐ Viele Familien haben ein Esszimmer.
6. ☐ Kein Bett, kein Stuhl – ich finde das schön!

2 Und in Ihrem Land? Sprechen Sie im Kurs.

Ü 12

Wir haben kein Esszimmer.

Bei uns gibt es auch ein ...

Wir haben ein ...

Hochhäuser finde ich ...

Meine Möbel sind ...

Übungen 4

1 **Häuser und Wohnungen. Sammeln Sie Wörter.**

auf dem Land

das Hochhaus

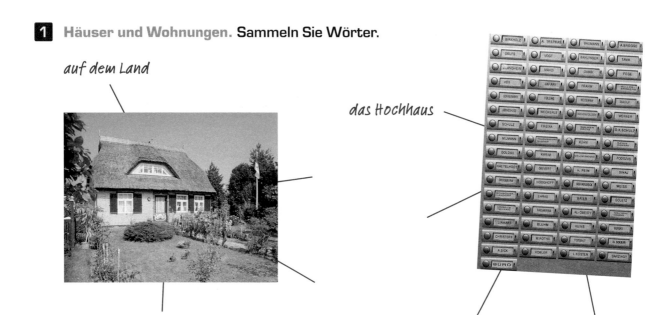

teuer

die Wohngemeinschaft

 2 **Norbert und Antje suchen eine neue Wohnung. Hören Sie zu.**

47

a) Was ist richtig?

Die Wohnung hat
- drei Zimmer.
- zwei Schlafzimmer.
- zwei Kinderzimmer.
- eine Toilette.
- einen Balkon.
- eine große Küche.
- ein kleines Bad.
- ein Wohnzimmer.

b) Hören Sie noch einmal und ergänzen Sie die Sätze.

Die Wohnung hat ...., Küche, Bad, Toilette und Balkon.

Rechts und links sind .... Die Küche und das Bad haben

.... Fenster. Das Wohnzimmer ist sehr .... Das Wohn-

zimmer und das Schlafzimmer haben eine Tür zum .... Das Bad ist leider

.... Die Wohnung kostet nur .... Euro.

3 Ergänzen Sie die Possessivartikel.

ihr .... Fernseher
.... Zimmer
.... Vase
.... Videos

.... Fernseher
.... Zimmer
.... Vase
.... Videos

4 Ergänzen Sie die Possessivartikel.

■ Hallo, Antje und Norbert! Vielen Dank

für die Einladung. .... Wohnung

ist ja ganz neu! Norbert, ist das ....
Zimmer?

◆ Ja, das ist .... Arbeitszimmer.

Und hier links ist .... Küche.

■ Oh, die ist aber groß. .... Küche
ist sehr schön. Ist das das Zimmer von
Antje?

◆ Ja, das ist .... Arbeitszimmer.

■ Und wo ist .... Schlafzimmer?

◆ Hier rechts. Und hier ist ....
Wohnzimmer. Möchtet ihr etwas trinken?

5 Adjektive. **Was passt?**

1. Die Wohnung kostet 900 Euro.
   Das finden Norbert und Antje
   ▨ teuer.
   ▨ schön.
   ▨ klein.

2. Anja wohnt im Studentenwohnheim.
   Das Zimmer ist nur 14 qm
   ▨ ruhig.
   ▨ lang.
   ▨ groß.

3. Bruno und Heide wohnen in einem
   Bauernhaus. Es ist ziemlich
   ▨ modern.
   ▨ lang.
   ▨ alt.

4. Familie Galle hat ein Haus mit Garten.
   Der Garten ist
   ▨ teuer.
   ▨ groß.
   ▨ hässlich.

5. Wir wohnen in der Stadt, im Zentrum.
   Es ist leider etwas
   ▨ laut.
   ▨ lang.
   ▨ alt.

6. Petra lebt in Köln. Ihre Wohnung ist
   klein, aber der Flur ist
   ▨ teuer.
   ▨ hässlich.
   ▨ lang.

6 **Der Akkusativ. Bestimmter oder unbestimmter Artikel? Ergänzen Sie.**

Unser Haus ist sehr alt. Es hat fünf Zimmer. Oben gibt es .... Balkon.

Das Wohnzimmer ist groß, aber ich finde .... Küche zu klein. Das Haus

hat .... Flur. Er ist lang und dunkel. Wir haben auch ....

Garten. Ich finde .... Garten sehr schön.

7 **Ordnen Sie und schreiben Sie Sätze.**

1. ~~ist~~ – modern – sehr – ~~Wohnung~~ – ~~meine~~

Meine Wohnung ist ....

2. von – Rolf – links – das – ist – Zimmer

....

3. unser – keinen – Garten – hat – Haus

....

4. Zimmer – nur – hat – 14 qm – das – im Studentenwohnheim

....

5. hat – meine – und – Wohnung – kein – Bad – ist – sehr klein

....

8 **Möbel im Kursraum. Schauen Sie sich um: Welche Möbel kennen Sie auf Deutsch? Machen Sie eine Liste.**

Möbel im Kursraum
Wir haben im
Kursraum einen
Tisch, eine ...

9 **Komposita. Hören Sie und ergänzen Sie.**

48

1. die   Treppe .... + das    3. ....  + ...

= das   Treppenhaus ....   = ...

2. .... 👫 + ...   4. .... ☎ + ...

= ....   = ...

10 **Der Umzug.** Ergänzen Sie die Sätze und lösen Sie das Rätsel.

1. Die .... ist schon in der neuen Wohnung.

2. Schreibtisch und .... stehen im Arbeitszimmer.

3. Armer Bernd! Sein Rücken macht Probleme. Der .... war sehr schwer.

4. In der Küche steht der .... Wir können jetzt essen.

5. Der .... ist breit und lang.

6. Der ....*Fernseher*........... steht im Wohnzimmer.

7. Die Bücher von Sonja kommen in das ....

```
            1  W |   |   |   | M |   |   |   |   |   |
          2  C |   | P |   |   |   |   |
          3     |   | D |   |   |
    4  K |   |   |   | T |   |   |
          5     | L |   |
        6  F | E | R | N | S | E | H | E | R |
  7  B |   |   |   |   |
```

Lösungswort: ....

 11 Hören Sie, was Anja sagt. Notieren Sie die Namen der Gegenstände.

das Bücherregal ....

12 **Wohnen interkulturell.** Herr Hayashida ist Japaner. Er lebt in Deutschland.
50 Was sagt er über das Wohnen in Deutschland? Hören und lesen Sie.
Verbinden Sie die Sätze.

Ich wohne jetzt seit sechs Monaten in Deutschland. Meine Wohnung hier ist
sehr schön: groß und hell. Ich habe drei Zimmer, eine Küche und ein Bad.
Meine Wohnung in Japan ist nur sehr klein. Hier in Deutschland habe ich 83 qm.
Das ist fantastisch. Leider habe ich keinen Balkon. Das finde ich nicht gut.
In Japan hat jede Wohnung einen Balkon. Ja, und das Badezimmer in Deutschland
ist nicht schön. Die Toilette und das Bad sind zusammen. Das gefällt mir nicht.
In Japan gibt es die Toilette und das Bad immer extra. In Deutschland schläft
man im Schlafzimmer, isst im Esszimmer und wohnt im Wohnzimmer.
In Japan machen wir alles in einem Zimmer: Wir schlafen, wohnen und essen
in einem Zimmer.

Herr Hayashida wohnt	1	a	er keinen Balkon.
Seine Wohnung hier ist	2	b	jetzt in Deutschland.
Seine Wohnung hat	3	c	das Bad und die Toilette zusammen.
In Japan isst, schläft und wohnt man	4	d	die Toilette und das Bad extra.
In Deutschland hat	5	e	in einem Zimmer.
In Japan hat jede Wohnung	6	f	groß und hell.
In Deutschland sind	7	g	nicht schön.
In Japan sind	8	h	einen Balkon.
Er findet das Bad in Deutschland	9	i	drei Zimmer.

Das kann ich auf Deutsch

eine Wohnung beschreiben

Unsere Wohnung hat ... Zimmer.
Rechts ist die Küche und links ist das Zimmer von Bernd.
Das Zimmer ist groß.

über Sachen sprechen

Das Kinderzimmer ist ein Traum!
Der Flur ist zu dunkel!
Ich finde den Garten schön!
Petra Galle und ihr Mann haben ein Haus mit Garten.

Wortfelder

wohnen	das Hochhaus, das Einfamilienhaus, der Altbau die Wohnung, das Kinderzimmer, der Balkon ...
Möbel	das Bett, der Tisch, die Lampe, der Stuhl ...
Adjektive	groß – klein, billig – teuer, hell – dunkel

Grammatik

Possessivartikel im Nominativ	**mein** Zimmer, **deine** Küche, **euer** Garten
Artikel im Akkusativ	Hat die Wohnung **einen** Balkon? Sie finden **den** Garten schön.
Adjektive im Satz	Der Flur ist **lang**. Das Bad ist **klein** und **dunkel**.
Graduierung mit *zu*	Ich finde die Küche **zu** klein.

Aussprache

Konsonanten *ch*	Küche, kochen, suchen, Bücher

🔘 Laut lesen und lernen

51

Das ist das Zimmer von Rolf.
Meine Wohnung hat keinen Balkon.
Wir wohnen auf dem Land. / Wir wohnen in der Stadt.
Wie findest du die Wohnung? / Wie finden Sie die Wohnung?
Den Flur finde ich zu klein.

Station 1

1 Berufsbilder

1 a) Beruf *Deutschlehrerin.* Welche Wörter kennen Sie? Sammeln Sie.

Material	Tätigkeit	Orte	Kontakte/Partner
Lehrbuch	lesen	Universität	Studenten

b) Lesen Sie den Text. Ergänzen Sie die Tabelle aus Aufgabe a).

Regina Werner, Deutschlehrerin

Das ist Regina Werner. Sie ist Deutschlehrerin. Sie hat in Jena Germanistik und Anglistik studiert. Seit 15 Jahren arbeitet sie als Deutschlehrerin. Sie hat Kurse an der Universität Jena und in einem Sprachinstitut. „Viele Stunden Unterricht, abends korrigieren, aber kein fester Job. Das ist normal für Deutschlehrer. Aber der Beruf macht Spaß", sagt sie. Sie arbeitet gern mit Menschen und mag fremde Kulturen. Ihre Studenten kommen aus China, Russland, Japan und Südamerika. Sie arbeitet mit Lehrbüchern und Wörterbüchern, mit Video und CDs. Die Studenten arbeiten auch mit Computern. Frau Werner und die Studenten machen oft Projekte: Sie besuchen den Bahnhof, ein Kaufhaus, das Theater – dort kann man Deutsch lernen. Die Studenten finden die Projekte gut.

2 Informationen über Regina Werner. Finden Sie Fragen und Antworten.

Fragen	Antworten im Text
1.	Regina Werner.
2. Wo .... sie?	An der Universität.
3. Was sagt sie?	Der Beruf macht ....
4.	Aus China, ...
5. Was macht sie?	Sie arbeitet mit ....
	....

studio d A1

Deutsch als Fremdsprache

Lösungen zum Teilband 1

Start auf Deutsch

1 1

Musik: j oder k – Reichstag/Berlin: b –
Touristen: a – Büro: c – Supermarkt: f und g –
Telefon: c – Kurs: i – Rhein-Main-Airport/
Frankfurt: d – Kaffee: h – Computer: c –
Cafeteria: h – Oper: j und k – Espresso: h –
Airbus: d – Euro: g – Orchester: k – Schule: i

2 6

1b – 2c – 3a

2 7

1: Name? Lena Borissowa
2: Name? Alfiya Fedorova
3: Name? Cem Gül – Wo? Frankfurt
4: Name? Tang – Wo? Bad Homburg

3 4

Transport/Auto: BMW; DB; VW
TV/Computer: DVD; IBM; CD; RTL 2; ZDF

3 5

1: Benz – 2: Heier – 3: Sundaram

3 8

Erste Silbe betont: Anna; Leon; Lukas; Paul; Laura
Zweite Silbe betont: Marie; Sophie; Maria
Dritte Silbe betont: Alexander, Maximilian

4 1

studieren: 2 – Hobbys: 3 – Musik: 4 – Universität: 2 –
Rhein-Main-Airport: 1 – Familie: 1 – Ski fahren: 3 –
Spanisch: 1 – Frankfurt: 1 – Job: 1 – Oper: 4

Café d

1 1

c) 1c – 2a – 3b

2 2

1: Ich heiße ... – 2: Hallo! – 3: Eistee, bitte! –
4: Aus ... – 5: Tag. / Hallo. / Hi. / Grüß dich. –
6: Woher kommst du? / Woher kommen Sie? –
7: Was möchtest du trinken? / Was möchten Sie
trinken?

2 8

1: Woher komm**en** Sie? – 2: Wir wohn**en** in Berlin –
3: Er trink**t** Kaffee. – 4: Sie heiß**t** Samira Sundaram –
5: Alida und Belal, was trink**t** ihr? – 6: Frau Schiller
arbeit**et** an der Sprachschule.

2 9

1: Woher kommen Sie / kommst du? – 2: Wie heißen
Sie / heißt du? – 3: Wo wohnen Sie / wohnst du? –
4: Was möchten Sie trinken? – 5: Woher kommst du /
kommen Sie?

4 3

Zuordnung: 1c – 2a – 3b
a: Cappuccino 1 x 1,60 Euro
b: Mineralwasser 2 x 1,40 Euro = 2,80 Euro + Coca
Cola 3,00 Euro = 5,80 Euro
c: Eistee 3 x 1,90 Euro = 5,70 Euro

4 7

a Irland – b Deutschland – c Spanien – d Griechenland – e Österreich – f Italien

Ü 1

+ Entschuldigung, ist hier frei?
– Ja klar, bitte.
+ Ich bin Michel aus Frankreich, und du?
– Ich heiße Ayse. Ich komme aus der Türkei.
+ Was trinkst du: Kaffee oder Tee?
– Kaffee.
+ Zwei Kaffee, bitte!

Ü 2

1b – 2d – 3a – 4e – 5c

Ü 3

1: Wir komm**en** aus Dänemark. – 2: Karin wohn**t** in
München. – 3: Was trink**st** du? – 4: Ich heiß**e** David
Taylor und komm**e** aus Cardiff. – 5: Wie heiß**en** Sie?
– 6: Das **ist** Dennis Jones. Er komm**t** aus New York.

Ü 4

2. Was trinkt ihr? – 3. Wie heißen Sie? – 4. Wie heißt
du? – 5. Wo wohnen Sie? – 6. Woher kommen Sie?

Ü 5

Rostock 20°C – Hamburg 19°C – Hannover 20°C –
Berlin 21°C – Köln 21°C – Dresden 22°C – Frankfurt
am Main 23°C – Stuttgart 25°C – München 24°C –
Jena 21°C

Ü 6

1: **drei**undzwanzig – 2: **acht**undzwanzig – 3: sieben-
und**dreißig** – 4: **drei**unddreißig – 5: fünfund**vierzig** –
6: **ein**undvierzig – 7: **neun**undachtzig – 8. **fünf**zig

Ü 7

1: 65-68 35 48 17, Vorwahl: 65
2: 264
3: 55 11 42 8, Vorwahl: 354
4: 11-4480-9387, Vorwahl: 54

Ü 8

1: Was **trinkst** du? – 2: Ich **nehme** einen Kaffee. –
3: Wir **möchten** zahlen, bitte. – 4: **Zahlen** Sie
getrennt oder zusammen? – 5: Das **macht** 17,50 Euro.

Ü 9

+ Wir möchten bitte zahlen.
– Zusammen oder getrennt?
+ Zusammen, bitte.
– Zwei Tee und zwei Cola, das macht 6,90 Euro.
+ Bitte!
– Danke. Auf Wiedersehen!

+ Zahlen, bitte!
– Zahlen Sie zusammen oder getrennt?
+ Getrennt, bitte.
– Also, zwei Orangensaft – das macht 3 Euro.
  Und zwei Cola – macht 2,90 Euro.

Ü 10

Diese Wörter hören Sie im Kurs: Deutschkurs, Sprach-
schule, Deutschlehrerin, schreiben, sprechen,
Student, lesen
Diese Wörter hören Sie im Café: Cola, Wasser, trinken,
Rechnung, Kaffee, Eistee, zahlen

Ü 11

2: frei – 3: lernen – 4: ein

Ü 13

Kaffee: Mokka, Caffè Latte, Cappuccino, Espresso
Geografie: Europa, Österreich, Hongkong, New York,
Berlin, St. Petersburg
andere: Tradition, international, populär, Variatio-
nen, Top-Favoriten, Kommunikation, Kontakte

Ü 14

1: Das sind drei Euro achtzig. – 2: Das sind acht Euro
vierzig.

2 Im Sprachkurs

1 5

1 die Tafel – 2 der Schwamm – 3 die Kreide – 4 das
Handy – 5 der Kuli – 6 der Füller – 7 das Papier –
8 das Wörterbuch – 9 der Radiergummi – 10 das
Kursbuch – 11 der Computer – 12 das Heft – 13 der
Overheadprojektor – 14 der Bleistift – 15 der CD-
Player – 16 das Lernplakat – 17 die Lampe – 18 der
Fernseher – 19 der Videorekorder – 20 der Stuhl –
21 der Tisch – 22 die Tasche

2 2

der Name, die Bank, das Mädchen, das Foto,
der Kaffee, die Frage, der Pilot, die Frau, der Tisch,
die Familie, das Büro, die Polizei

4 3

das Foto, die Tasche, das Gespräch, der Baum,
die Tafel, das Auto, der Tisch, das Fenster, die Tür,
der Lehrer, die Sprache, das Buch

4 4

b)
2: Nein, das ist kein Fenster. Das ist eine Tür.
3: Sind das Hefte? – Nein, das sind keine Hefte. Das
   sind Bücher.
4: Ist das ein Koffer? – Nein, das ist kein Koffer. Das
   ist eine Tasche.
5: Ist das ein Bleistift? – Nein, das ist kein Bleistift.
   Das ist ein Füller.
6: Ist das ein CD-Player? – Nein, das ist kein CD-Player. Das ist ein MP3-Player.
7: Ist das eine Tafel? – Nein, das ist keine Tafel. Das ist
   ein Schwamm.

4 5

b)
1: Ist das **ein** Wörterbuch? – Nein, das ist **kein**
   Wörterbuch. Das ist **ein** Telefonbuch.
2: Ist das **ein** Computer? – Ja.
3: Sind das Fotos? – Nein, das sind **keine** Fotos.
4: Ist das **eine** Lehrerin? – Nein, das ist **keine**
   Lehrerin. Das ist **eine** Kursteilnehmerin.
5: Ist das **ein** Theater? – Nein, das ist **ein** Museum.

5 1

Rosa Echevarzu *ist* aus Santa Cruz, *lebt* in La Paz in
Bolivien, *sagt:* „Die Deutschkurse im Goethe-Institut
sind interessant und gut für meine Arbeit."

Boris Naumenkow *ist* aus Kasachstan, *lebt* in Frankfurt am Main, *sagt:* „Deutschland ist für uns Sprache,
Kultur, Heimat."

Zhao Yafen *ist* aus China, *lebt* in Schanghai, *sagt:* „Ich
liebe Beethoven und Schubert."

6 1

a: hören – b: lesen – c: schreiben – d: fragen –
f: markieren

Ü 1

die Tasche – der Tisch – der Stuhl – das Heft –
das Handy – der Overheadprojektor

Ü 2

2: der Schwamm – 3: der Radiergummi –
4: der Füller – 5: die Kreide

Ü 3

1: das Foto – 2: das Buch – 3: das Papier –
4: das Heft – 5: das Café – 6: das Handy –
7: das Büro – 8: das Spiel – 9: das Mädchen
Sie sehen ein Haus.

Ü 4

der: Kaffee, Supermarkt, Mensch, Saft, Fehler, Name, Job
das: Wort, Bild, Telefon, Auto, Hobby
die: Seite, Schule, Frau, Tasse, Aufgabe, Stadt, Tür, Frage, Antwort, Gruppe

Ü 5

~~	Computer, Videorekorder
~s	Cafés, Fotos
~n	Lampen, Namen
~e	Dialoge, Preise, Kurse
~(n)en	Personen, Uhren, Lehrerinnen
~(ä/ö/ü)~e	Schwämme, Stühle
~(ä/ö/ü)~er	Häuser, Telefonbücher, Wörter

Ü 6

Sprache und Sprechen
die Antwort, die Antworten; der Dialog, die Dialoge; die Geschichte, die Geschichten; der Text, die Texte; die Regel, die Regeln; der Satz, die Sätze; das Wort, die Wörter

Im Kursraum
der Bleistift, die Bleistifte; der Füller, die Füller; das Heft, die Hefte; der Kuli, die Kulis; der Radiergummi, die Radiergummis; die Tafel, die Tafeln; das Lernplakat, die Lernplakate

Ü 8

2: Nein, das ist kein Kuli. Das ist ein Füller.
3: Nein, das ist keine Tafel. Das ist ein Foto.
4: Nein, das ist kein Radio. Das ist ein Telefon.

Ü 9

der Mann und die Frau – essen und trinken – lesen und schreiben – der Bleistift und der Radiergummi – der Kursteilnehmer und die Deutschlehrerin – der Kaffee oder der Tee – der Tisch und der Stuhl

Ü 10

1: Schwarzenegger – 2: Klum – 3: Klum –
4: Schwarzenegger – 5: Klum – 6: Klum – 7: Klum –
8: Klum – 9: Schwarzenegger

Ü 11

1: **Lesen** Sie den Text bitte langsam.
2: Wie **heißt** der bestimmte Artikel?
3: **Schreiben** Sie Sätze.
4: **Ergänzen** Sie die Tabelle.
5: **Hören** Sie den Dialog.
6: **Buchstabieren** Sie das Wort.

3 Städte – Länder – Sprachen

1 1

das Kolosseum → Rom → Italien
der Kreml → Moskau → Russland
der Prater → Wien → Österreich
das Brandenburger Tor → Berlin → Deutschland

1 2

Prater – Wien – Österreich

3 2

b)
In der W-Frage steht das Verb in Position **2**.
Im Aussagesatz steht das Verb in Position **2**.
In der Satzfrage steht das Verb in Position **1**.

4 1

Frankreich, Belgien, Luxemburg, Holland, Dänemark, Polen, Tschechien, Slowakei, Ungarn, Slowenien, Italien

4 3

'Dänemark 'Dänisch   'Frankreich Fran'zösich
Tschechien – Tschechisch   Slowakei – Slowakisch
Polen – Polnisch   Italien – Italienisch

5 1

1: Pirna in Sachsen – 2: Österreich und Slowenien –
3: SaarLorLux (die Region zwischen dem Saarland, Lothringen und Luxemburg)

Ü 1

1c – 2a – 3b

Ü 2

2: Das ist der Maintower. Der Maintower ist in Frankfurt am Main. Das ist in Deutschland.
3: Das ist die Semperoper. Die Semperoper ist in Dresden. Das ist in Deutschland.
4: Das ist der Zytgloggeturm. Der Zytgloggeturm ist in Bern. Das ist in der Schweiz.
5: Das ist der Stephansdom. Der Stephansdom ist in Wien. Das ist in Österreich.

Ü 3

B3a – C5d – D4b – E2e

Ü 4

1: Salzburg – 2: Berlin – 3: Zürich – 4: Mainz –
5: Düsseldorf – 6: Innsbruck

Ü 5

2: Linz liegt östlich von Wien. – 3: Innsbruck liegt südwestlich von Salzburg. – 4: Wiesbaden liegt südwestlich von Frankfurt am Main. – 5: Erfurt liegt westlich von Weimar. – 6: Frankfurt an der Oder liegt südlich von Berlin. – 7: Lübeck liegt nordöstlich von Hamburg. – 8: Bremen liegt nordwestlich von Hannover. – 9: Bonn liegt südlich von Köln. – 10: Bern liegt südlich von Basel. – 11: Stade liegt nordwestlich von Hamburg. – 12: Dessau liegt südöstlich von Magdeburg.

Ü 6

Carmen: Entschuldigung, ist hier frei?
Antek: Ja, bitte. Sind Sie auch im Deutschkurs?
Carmen: Ja. Sagen wir „du"?
Antek: Okay, woher kommst du?
Carmen: Ich komme aus España.
Antek: Ach, aus Spanien.
Carmen: Ja, aus Spanien. Warst du schon mal in Spanien?
Antek: Ja, ich war in Madrid und Sevilla. Und woher kommst du?
Carmen: Aus Cordoba.
Antek: Das kenne ich nicht. Wo liegt das?
Carmen: Südwestlich von Madrid. Trinkst du auch Kaffee?
Antek: Ja, gern. – Zwei Kaffee, bitte!

Ü 7

Hallo Tom! Ich **bin** in der Oper. Es **ist** fantastisch! Jetzt **ist** Pause. Wo bist du? Carol-Ann

Hallo Carol-Ann! Wir **sind** in der Bar. Ich **bin** mit Freunden zusammen. Steven **ist** auch hier. Kommst du? Tom

Ü 8

Hallo Silva, gestern **waren** wir in Mailand. Es **war** sehr schön. Ich **war** in der Mailänder Scala! **Warst** du schon mal in der Scala? Wir **waren** dann noch in einer Bar: italienischer Wein ... Mmmmh! Tschüss, Carol-Ann

Ü 9

1: Woher kommst du? – 2: Ich komme aus Russland. – 3: Ich war schon mal in Moskau. – 4: Sprichst du Russisch? – 5: Nein, ich spreche Deutsch, Englisch und Französisch. – 6: Trinken wir zusammen Kaffee?

Ü 10

1c – 2a – 3e – 4b – 5g – 6d – 7f

Ü 11

Land	Sprache(n)
Frankreich	Französisch
Belgien	Flämisch, Französisch
Luxemburg	Letzeburgisch, Französisch, Deutsch
Dänemark	Dänisch
Polen	Polnisch
Tschechien	Tschechisch
Österreich	Deutsch
Schweiz	Rätoromanisch, Deutsch, Französisch, Italienisch
Niederlande	Niederländisch

Ü 12

Euregios **sind** Nachbarregionen in der EU. Die Regionen kooperieren international über die Grenzen. In der Euregio Rhein-Maas zwischen Deutschland, den Niederlanden und Belgien **gibt** es viele ökonomische, akademische und kulturelle Kooperationen. Jeden Tag **fahren** viele Menschen über die Grenzen zur Arbeit. An der Realschule Hückelhoven nördlich von Aachen **lernen** Schülerinnen und Schüler aus Deutschland Holländisch und Französisch.

4 Menschen und Häuser

1 1

1a – 2c – 3e – 4d – 5b

1 2

1: Norbert und Antje wohnen im 12. **Stock**. Ihre **Wohnung** ist **hell** und groß, aber auch sehr **teuer**. – 2: Petra Galle und ihr Mann Guido **wohnen** in Olpe. Sie haben ein **Haus** mit Garten. Petra findet ihren **Garten groß**. – 3: Ulli, Rolf und Simone wohnen in der Stadt. Sie haben eine **Altbauwohnung** in Hamburg. – 4: Anja wohnt im **Studentenwohnheim**. Sie sagt: „Mein **Zimmer** ist sehr **klein**." – 5: Bruno und Heide haben ein Haus auf dem **Land**. Ihr Haus ist **ziemlich alt** und liegt sehr **ruhig**.

2 1

2: das Esszimmer – 3: das Schlafzimmer – 4: das Badezimmer – 5: das Kinderzimmer

2 2

a) *Zeichnung 1*

2 3

a)
ch kochen [x]: acht, auch, das Buch, doch, machen, suchen, die Sprache
ch Küche [ç]: richtig, das Mädchen, östlich, welcher, das Gespräch, gleich, München, nicht, sprechen, die Bücher, ich, möchten, die Technik

4 1

	Adjektiv
das Zimmer von Ulli	groß
die Küche	schön, groß, hell
das Bad	klein, dunkel
das Wohnzimmer	klein
der Balkon	groß
der Flur	lang

4 2

1: groß – klein – 2: hell – dunkel – 3: billig – teuer – 4: neu – alt – 5: laut – leise

5 2

Die Betonung ist immer auf dem **ersten** Wort.

7 1

1b und c – 2a und g – 3d – 4e und f

8 1

1e – 2d – 3f – 4b – 5a – 6c

Ü 1

Vorschläge

auf dem Land, das Bauernhaus, alt, ruhig ...
das Hochhaus, der Balkon, der 12. Stock,
in der Stadt ...
tcucr, dic Altbauwohnung, hell, groß ...
die Wohngemeinschaft, das Studentenwohnheim,
billig, ein Zimmer, klein ...

Ü 2

a)

Die Wohnung hat zwei Kinderzimmer, eine Toilette,
einen Balkon, ein kleines Bad, ein Wohnzimmer.

b)

Die Wohnung hat **vier Zimmer**, Küche, Bad, Toilette
und Balkon. Rechts und links sind **Kinderzimmer**.
Die Küche und das Bad haben **kein Fenster**. Das
Wohnzimmer ist **sehr groß**. Das Wohnzimmer und
das Schlafzimmer haben eine Tür zum **Balkon**. Das
Bad ist leider **sehr klein**. Die Wohnung kostet **500**
Euro.

Ü 3

ihr Zimmer; ihre Vase; ihre Videos
sein Fernseher; sein Zimmer; seine Vase; seine Videos

Ü 4

+ Hallo Antje und Norbert! Vielen Dank für die Ein-
  ladung. **Eure** Wohnung ist ja ganz neu! Norbert, ist
  das **dein** Zimmer?
– Ja, das ist **mein** Arbeitszimmer. Und hier links ist
  unsere Küche.
+ Oh, die ist aber groß. **Eure** Küche ist sehr schön.
  Ist das das Zimmer von Antje?
– Ja, das ist **ihr** Arbeitszimmer.
+ Und wo ist **euer** Schlafzimmer?
– Hier rechts. Und hier ist **unser** Wohnzimmer.
  Möchtet ihr etwas trinken?

Ü 5

1: teuer – 2: groß – 3: alt – 4: groß – 5: laut – 6: lang

Ü 6

Unser Haus ist sehr alt. Es hat fünf Zimmer. Oben
gibt es **einen** Balkon. Das Wohnzimmer ist groß,
aber ich finde **die** Küche zu klein.
Das Haus hat **einen** Flur. Er ist lang und dunkel. Wir
haben auch **einen** Garten. Ich finde **den** Garten sehr
schön.

Ü 7

1: Meine Wohnung ist sehr modern.
2: Links ist das Zimmer von Rolf.
3: Unser Haus hat keinen Garten.
4: Das Zimmer im Studentenwohnheim hat nur 14 qm.
5: Meine Wohnung ist sehr klein und hat kein Bad.

Ü 8

Vorschläge

Wir haben im Kursraum eine Tafel.
Wir haben im Kursraum ein Regal.
Es gibt auch viele Stühle.
Wir haben im Kursraum eine Lampe.
Es gibt auch einen Schrank.
Es gibt auch ein Bild.

Ü 9

2: die Kinder und das Zimmer: das Kinderzimmer
3: der Fuß und der Ball: der Fußball
4: das Telefon und das Buch: das Telefonbuch

Ü 10

1: Waschmaschine – 2: Computer – 3: Herd –
4: Küchentisch – 5: Flur – 7: Bücherregal
Lösungswort: Wohnung

Ü 11

der Tisch – der Sessel – das Bett – der Schreibtisch –
der Schreibtischstuhl – das Fenster

Ü 12

1b – 2f – 3i – 4e – 5a – 6h – 7c – 8d – 9g

Station 1

1 2

Vorschläge
Fragen: 1. Wie heißt die Deutschlehrerin? 2. Wo
arbeitet sie? 4. Woher kommen ihre Studenten?
Antworten im Text: 3. Der Beruf macht Spaß. 4. Aus
China, Russland, Japan und Südamerika. 5. Sie
arbeitet mit Lehrbüchern und Wörterbüchern, mit
Video und CDs.

1 3

Richtig: Nr. 2 und 4
1: Andrick studiert in Jena.
2: Er hat 18 Stunden Unterricht in der Woche.
5: Er hat viele Freunde in Jena.

2 4

1 Köln – 2 Jena – 3 Fußball – 4 CH – 5 Polen –
6 Türkei – 7 Italien – 8 Bern – 9 Innsbruck
Lösungswort: Europa

3 1

2b – 3e – 4h – 5d – 6a – 7g – 8f

3 2

a)

1: Möchtest, trinke – 2: Kommst – 3: wohnen –
4: heißt – 5: Habt – 6: Sprichst, spreche – 7: Kennst,
liegt – 8: finden – 9: Warst

b)

1: mein – 2: meine – 3: dein – 4: euer – 5: unser –
6: deinen – 7: ihren

c) *Vorschläge*

2: Wo ist das Schlafzimmer? – 3: Habt ihr ein Arbeitszimmer? – 4: Wie findest du die Küche?

3 5

2c – 3d – 4a

4 1

1b – 2a – 3d – 4c

4 2

Name	Woher?	Alter	studiert
Andrick	Madagaskar	26	Germanistik
Justyna	Polen	23	DaF
Matthias	Erfurt	23	Politik und DaF
Da	China	?	Anglistik

4 3

1: 100 000 – 2: Marktplatz – 3: Stadtmuseum –
4: Universität – 5: Studenten

4 5

1. **Hallo**, Katja! – Entschuldigung, ich bin zu **spät**. –
Wo **warst** du heute – In der **Bibliothek**. – Ich habe
mit Andrick für das Seminar **gearbeitet**. – Ich hatte
Seminar und dann **war** ich im Sportstudio.

2. Wir möchten **zahlen**, bitte. – **Zusammen** oder
getrennt? Das sind dann 2 Euro 20 für den
Milchkaffee und 3,50 für dich, Katja.

5 Termine

1 1

1c – 2d – 3a – 4f

1 4

1: 14 Uhr 40 – 2: zehn vor drei – 3: 10 Uhr 40 –
4: 15 Uhr 35

3 1

a)
Der Termin ist nächste Woche am Montag um 15 Uhr.

4 1

1: Ja, das geht. – 2: Ja, das geht. – 3: Nein, das geht
nicht. – 4: Ja, das geht. – 5: Nein, das geht nicht.

5 2

Düsseldorf, Tübingen, Dortmund, Dresden,
Timmendorf, Dessau

6 1

Regel: **am** plus Tag (Montag); **um** plus Uhrzeit
(neun Uhr)

6 4

Vorschläge

1. Am Freitag? Nein, das geht nicht. – 2. Am Sonntag
kann ich nicht. – 3. Um fünf kann ich nicht. – 4. Nein,
ich gehe am Sonntag nicht aus. – 5. Am Sonntag
kann ich nicht. – 6. Am Freitag? Nein, das geht
nicht. – 7. Um fünf kann ich nicht. – 8. Am Freitag?
Nein, das geht nicht.

Ü 1

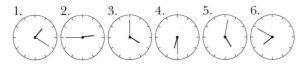

Ü 2

2: Es ist 8.45 Uhr. / Es ist Viertel vor neun. /
Es ist dreiviertel neun.
3: Es ist 9.15 Uhr. / Es ist Viertel nach neun. /
Es ist viertel zehn.
4: Es ist 13.50 Uhr. / Es ist zehn vor zwei.
5: Es ist 14.05 Uhr. / Es ist fünf nach zwei.
6: Es ist 16.20 Uhr. / Es ist zwanzig nach vier.
7: Es ist 18.40 Uhr. / Es ist zwanzig vor sieben.
8: Es ist 20.58 Uhr. / Es ist kurz vor neun.

Ü 3

2: 16.20 Uhr – 3: 9 Uhr – 4: 7.04 Uhr –
5: 17.26 Uhr – 6: 14.28 Uhr

Ü 4

1d – 2c – 3a – 4b

Ü 5

a)
+ Hier Praxis Dr. Glas, Schwester Christiane,
  guten Tag.
– Guten Tag. Hier ist Da Qui. **Wann** ist am Freitag
  Sprechstunde, bitte?
+ Am Freitag? Von acht Uhr **bis** zwölf Uhr.
– Ich hätte gern einen Termin. Geht es **um** elf Uhr?
+ Ja, **um** elf ist es okay.
– Gut, dann komme ich **am** Freitag um elf.

Ü 6

1, 3, 5, 6

Ü 8

Dialog 1
+ Gehen wir am Samstag ins Violinkonzert?
– Wie schön, ein Konzert! Um wie viel Uhr?
+ Das Konzert beginnt um acht. Treffen wir uns um
  sieben?
– Um sieben ist gut.
+ Gut, also tschüss bis Samstag.

Dialog 2

+ Hallo, Marco. Gehen wir zusammen in die Disko?
− In die Disko? Wann denn?
+ Am Freitag.
− Freitag ist gut. Um wie viel Uhr?
+ Um zehn?
  Zehn ist zu spät. Lieber um neun.
+ Gut, um neun. Bis Freitag!

Ü 9

3 – a – 1 – b – 4 – d – 5 – c – 2

Ü 10

2: Wann hat Frau Dr. Hinz am Dienstag Nachmittag Sprechzeit? – 3: Wann ist das Wasserfest? – 4: Was kostet die Yoga-Klasse? – 5: Wo ist der Treffpunkt zum Besuch im Reichstag?

Ü 11

1: hatte – 2: Hattet – 3: hatte – 4: hatten – 5: Hattest – 6: hatten

Ü 12

2: Entschuldigung, ich hatte keine Zeit. – 3: Tut mir leid, ich hatte ein Terminproblem. – 4: Entschuldigung, wir hatten keine Uhr. – 5: Tut mir leid, ich hatte einen anderen Termin. – 6: Entschuldigung, wir hatten einen Termin in Düsseldorf. – 7: Tut mir leid, ich hatte keinen Stadtplan.

Ü 13

2: **Ordnen** Sie die Bilder den Dialogen **zu**. – 3: Komm, wir **sehen** uns die Fotos an! – 4: Um wie viel Uhr **fängt** der Film **an**? – 5: Wann **rufen** wir Frau Strunz **an**? – 6: Wo **kaufst** du heute ein? – 7. Wann **stehst** du am Samstag **auf**?

Ü 14

... Um 6.45 Uhr frühstücke ich nicht. Ich arbeite nicht von 9 Uhr bis 12.30 Uhr und auch nicht von 13 Uhr bis 19 Uhr. Ich habe nicht viele Termine. Ich telefoniere nicht oft. Ich gehe nicht um 23 Uhr schlafen. Ich lebe nicht gesund.

6 Orientierung

1 2

Marco Sommer *wohnt* in Gohlis, *arbeitet* bei der Leipziger Volkszeitung, *fährt* mit dem Fahrrad (*Zeit:* eine Viertelstunde)

Birgit Schäfer *wohnt* in Schkeuditz, *arbeitet* bei ALDI, *fährt* mit dem Zug (*Zeit:* eine halbe Stunde)

Monica Ventura *wohnt* in Markkleeberg, *arbeitet* bei der Commerzbank, *fährt* mit der Straßenbahn (*Zeit:* zehn Minuten)

Alexander Novak *wohnt* in Grünau, *arbeitet* in einer Buchhandlung, *fährt* mit dem Auto (*Zeit:* 20 Minuten)

1 3

Birgit Schäfer: westlich von Leipzig
Alexander Novak: oft Stau
Monica Ventura: im Süden von Leipzig

2 1

im Erdgeschoss: der Empfang, die Kantine
in der ersten Etage: die Online-Redaktion
in der zweiten Etage: die Redaktionsbüros
in der dritten Etage: die Redaktion Sport
in der vierten Etage: die Konferenzräume, das Büro von Dr. Weber

2 2

[f]: zu Fuß, viele, der Verlag, vier, das Fahrrad, der Füller
[v]: die Werbung, die Wohnung, Dr. Weber, westlich, das Wörterbuch, der Videorekorder

3 3

1: der Drucker – 2: das Telefon – 3: die CD-Rom – 4: der Monitor – 5: die Maus – 6: die Tastatur – 7: die Tasse Kaffee – 8: das Handy – 9: das Buch

3 4

Der Autoschlüssel liegt neben dem Telefon. – Die Theaterkarten liegen vor dem Fernseher. – Die Handtasche liegt auf dem Sofa.

4 1

b)
Der Termin ist am Dienstag, den 28.12. um neun Uhr.

4 2

Alter Termin: am 30.12.
Neuer Termin: am 29.12. um 10.30 Uhr.

Ü 1

a)
1: Ute Schmitt studiert Medizin. Sie **wohnt** in einem Studentenwohnheim in der 12. Etage. Sie **geht** jeden Tag zu Fuß in die Universität.
2: Ludwig Frey wohnt in Borna und **arbeitet** bei der Leipziger Volkszeitung. Er kommt jeden Tag mit der S-Bahn nach Leipzig. Er braucht 45 **Minuten**.
3: Gert Brenner ist **Arzt**. Er arbeitet in einem Krankenhaus: in der Uni-Klinik in der Riemannstraße. Herr Brenner wohnt in Delitzsch und **fährt** mit dem Auto nach Leipzig. Er braucht eine Stunde.
4: Gisela Wagner ist Musikerin und arbeitet im Leipziger Gewandhausorchester. Sie wohnt in der Schletterstraße und **braucht** 20 Minuten mit dem **Fahrrad**.

b) 1c – 2d – 3b – 4a

Ü 2

Vorschläge
der Bus, der Bahnhof, die S-Bahn, die U-Bahn, das Auto, das Fahrrad, die Ampel, der Lastwagen, die Straße, der Mann, die Frau ...

Ü 3

das Sekretariat, das Verlagshaus, die Kantine,
der Chef, die Personalabteilung, der Redakteur,
das Büro, die Konferenz, die Räume

Ü 4

Vorschläge
2: Entschuldigung, wo sind bitte die Toiletten? –
3: Entschuldigung, wo finde ich die Personalabteilung? – 4: Entschuldigung, wo ist der Parkplatz?

Ü 5

die Cafeteria, 4. Etage rechts
die Toiletten, Erdgeschoss rechts
die Personalabteilung, 4. Etage links
das Sekretariat, Erdgeschoss links
Dr. Sprenger, 2. Etage links
Frau Stein, 3. Etage rechts

Ü 6

vor der Party
Die Tasche liegt auf dem Stuhl.
Die Gitarre hängt an der Wand.
Die Bücher liegen auf dem Tisch.
Der Stuhl steht vor dem Schreibtisch.
Die Lampe steht neben dem Bett.
Die CDs stehen im Regal.

nach der Party
Die Tasche liegt im Regal.
Die Gitarre liegt unter dem Bett.
Die Bücher liegen unter dem Tisch.
Der Stuhl steht auf dem Bett.
Die Lampe steht zwischen dem Fenster und dem
Schreibtisch / hinter dem Schreibtisch.
Die CDs liegen vor dem Regal auf dem Boden.

Ü 7

1: dem, dem – 2: der, dem – 3: dem

Ü 8

Herr Martens: Dienstag, 11.00 Uhr. – Herr Wagner:
Montag, 11.00 Uhr. – Frau Seidel: Montag, 9.45 Uhr.

Ü 9

1a – 2c – 3c – 4b

Ü 10

a)
2: Am dritten Zehnten. – 3: Am fünften Fünften. –
4: Am einundzwanzigsten Dritten. – 5: Am fünften
Sechsten.

3 **Beruf *Student*. Lesen Sie den Text mit Informationen über Andrick. Was ist richtig? Kreuzen Sie an und korrigieren Sie die falschen Informationen.**

1. Andrick studiert in Tamatave. ▨
2. Er lebt seit zwei Jahren in Deutschland. ▨
3. Er hat 16 Stunden Unterricht in der Woche. ▨
4. Er liest E-Mails in der Bibliothek. ▨
5. Er findet in Jena keine Freunde. ▨

Andrick Razandry, Student

Das ist Andrick Razandry. Er ist aus Madagaskar. Aus Tamatave. Das ist im Osten von Madagaskar, am Indischen Ozean. Er hat dort an der Universität studiert. Seit zwei Jahren lebt er in Deutschland. Er studiert Deutsch als Fremdsprache an der Friedrich-Schiller-Universität in Jena. Andrick hat 18 Stunden Unterricht pro Woche. Er arbeitet gern in der Bibliothek. Er sagt: „In der Bibliothek kann ich meine E-Mails lesen und gut arbeiten. Abends ist es dort sehr ruhig." Er kennt viele Studenten und Studentinnen. Die Universität ist international. In den Seminaren sind Studenten und Studentinnen aus vielen Ländern, aus Russland, China und aus den USA. „Am Anfang war für mich alles sehr fremd hier. Jetzt ist es okay. Ich habe viele Freunde und wir lernen oft zusammen." Andrick spricht vier Sprachen: Madagassisch, Französisch, Deutsch und Englisch.

4 **Lehrerin – Student: wichtige Wörter. Machen Sie ein Wörternetz.**

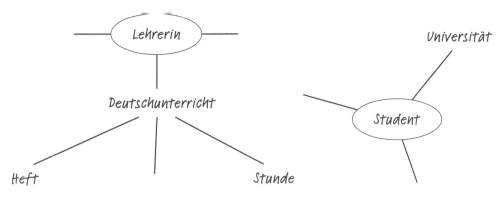

2 Themen und Texte

1 Begrüßung – internationale und regionale Varianten. **Machen Sie eine Tabelle und ordnen Sie: Was sagt/macht man wo?**

Begrüßung international

In Deutschland und in Österreich gibt man meistens die Hand. Aus Frankreich, Spanien und Italien kommt eine andere Tradition: Man küsst Bekannte einmal, zweimal oder dreimal. Und in Ihrem Land?

Du oder Sie?

Es gibt keine Regeln. „Sie" ist offiziell, formal und neutral. Freunde und gute Bekannte sagen „du". Aus England und aus den USA kommt eine andere Variante: „Sie" plus Vornamen. Das ist in Deutschland in internationalen Firmen und auch an Universitäten sehr populär.

Begrüßung und Verabschiedung regional

„Guten Morgen", „Guten Tag", „Guten Abend" (ab 18 Uhr) und „Auf Wiedersehen" sind neutral. „Hallo" und „Tschüss" hört man sehr oft. Das ist nicht so formal. In Österreich sagt man auch „Servus" und in der Schweiz „Grüezi" und „Auf Wiederluege". In Norddeutschland sagen viele Menschen nicht „Guten Tag", sie sagen „Moin, Moin". In Süddeutschland grüßt man mit „Grüß Gott".

Begrüßung und Verabschiedung in	
Deutschland / Österreich / der Schweiz	Ihrem Land

2 Sich vorstellen: Ort, Sprachen, Wohnen

Ich-Texte schreiben

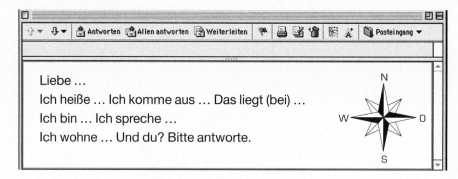

Liebe …

Ich heiße … Ich komme aus … Das liegt (bei) …

Ich bin … Ich spreche …

Ich wohne … Und du? Bitte antworte.

3 Zeichnen Sie Ihren Partner /
Ihre Partnerin. Fragen Sie und
schreiben Sie die Antworten
auf das Plakat.

Woher ...?
Wo wohnst ...?
...

4 **Landeskundequiz.** Wer findet die Landeskundeinformationen
aus den Einheiten 1 bis 4?

1. Millionenstadt in Westdeutschland (Dom)
2. Stadt in D mit vier Buchstaben (Andrick)
3. Populärer Sport in Deutschland
4. Internationales Autoschild für die Schweiz
5. Nachbarland im Osten von Deutschland
6. Ein Land mit Artikel: die T...
7. Land in Südeuropa mit I
8. Hauptstadt der Schweiz
9. Stadt im Westen von Österreich

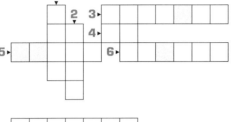

Lösung (Ordnen Sie die Buchstaben auf den grauen Feldern.) ....

5 **Fußballland**
Deutschland

a) Suchen Sie
auf der Karte:
Hamburg,
Kaiserslautern,
München,
Dortmund,
Hannover,
Rostock,
Nürnberg und
Freiburg.

b) Hören Sie die
Ergebnisse und
notieren Sie sie
in der Karte.

3 Selbstevaluation: Wortschatz – Grammatik – Phonetik

1 **Grammatikbegriffe.** Diese Begriffe haben wir in den Einheiten 1 bis 4 verwendet. Können Sie die Sätze den Begriffen zuordnen?

Einheit

<u>Waren</u> Sie schon einmal in Italien? **1**   **a** Adjektiv   ....

<u>Woher</u> kommen Sie? **2**   **b** Fragewort, W-Wort   ....

<u>Wohnst du in Hamburg?</u> **3**   **c** Präteritum von *sein*   ....

Hast du <u>einen Kaffee?</u> **4**   **d** Possessivartikel   ....

Das ist <u>unser</u> Auto. **5**   **e** Satzfrage   ....

Lenka findet Wien <u>fantastisch</u>. **6**   **f** Personalpronomen   ....

Ich habe gar <u>kein</u> Auto. **7**   **g** Verneinung   ....

<u>Ich</u> lerne Englisch und Deutsch. **8**   **h** Akkusativ   ....

2 **Ein Grammatiktest**

a) Ergänzen Sie die Verben.

sprechen (2x) – kommen – wohnen – heißen – möchten – haben – trinken – kennen – liegen – sein – finden

1. ■ M.................... du Kaffee? ◆ Nein, danke ich t.................... Tee.

2. ■ K.................... du aus Spanien? ◆ Nein, aus Italien.

3. ■ Wo.................... Sie? ◆ In der Holzhausenstraße.

4. ■ Entschuldigung, wie.................... „Balkon" auf Englisch? ◆ Balcony.

5. .... ihr am Samstag Zeit? Wir ziehen um.

6. ■ .... du Französisch? ◆ Nein, ich.................... Polnisch und Deutsch.

7. ■ .... du Potsdam? ◆ Nein, wo.................... das?

8. ■ Wie.................... Sie die Wohnung, Frau Klein? ◆ Super! Sehr schön!

9. ■ .... du schon mal in Bremerhaven? ◆ Nein, wo ist das?

b) **Ergänzen Sie die Possessivartikel.**

1. ■ Elke, ist das m.................... Heft? ◆ Nein, das ist das Heft von Claudia.

2. Am Samstag kommt.................... Freundin. Wir gehen aus.

3. ■ Ist das d.................... Deutschbuch? ◆ Ja, danke.

4. ■ Weißt du, wir haben jetzt einen Hund! ◆ Toll! Und wie heißt.................... Hund?

5. ■ Kommt ihr am Freitag? ◆ Nein,.................... Auto ist kaputt.

6. ■ Pavel, kann ich.................... Füller mal haben? ◆ Ja klar, hier bitte.

7. Jan und Eva haben eine neue Wohnung. Ich finde.................... Balkon fantastisch!

c) Fragen Sie nach den unterstrichenen Teilen.

1. Die Wohnung hat <u>einen Balkon</u>.   *Was hat die Wohnung?*

2. Das Schlafzimmer ist <u>hier rechts</u>. ....

3. Wir haben <u>kein Arbeitszimmer</u>. ....

4. Ich finde die Küche <u>zu klein</u>. ....

3 **Ein Quiz: 7 mal 4 Wörter auf Deutsch**

4 Länder ....

4 Sprachen ....

4 Getränke ....

4 Dinge im Kurs ....

4 Räume ....

4 Möbelstücke ....

4 Städte ....

4 **„Normale" und markierte Betonung. Hören Sie und lesen Sie laut. Erkennen Sie den Unterschied?**

53

'Peter fliegt mit seiner Freundin Johanna nach Italien.
Peter 'fliegt mit seiner Freundin Johanna nach Italien.
Peter fliegt mit seiner Freundin Jo'hanna nach Italien.

5 **Das Radioprogramm von heute. Die Umlaute *ä, ö, ü* und das *ch*.**

54 **Hören Sie und ordnen Sie zu.**

Schöne Grüße! 1 ⟍ a Tschechisches Märchen
Küchenduell 2 ⟍ b Dänisches Hörspiel
Städtegespräch 3 c Französische Dokumentation
Das schöne Mädchen 4 d Österreichische Talkshow

6 **Systematisch wiederholen – Selbsttest. Wiederholen Sie die Übungen.**
Was meinen Sie: ☺ oder ☹?

Ich kann auf Deutsch	Einheit	Übung	☺ gut	☹ noch nicht so gut
1. Leute begrüßen.	Start	2.3	▦	▦
2. sagen, woher ich komme.	Start	2.8	▦	▦
3. sagen, wo ich wohne.	1	2.4	▦	▦
4. sagen, wo eine Stadt liegt.	3	2.5	▦	▦
5. auf Deutsch fragen: Wo ... / Woher ...	1	2.9	▦	▦
6. sagen, wie ich wohne.	4	4.4	▦	▦
7. sagen, welche Sprachen ich spreche.	3	4.5	▦	▦
8. im Kurs auf Deutsch nachfragen.	2	6.2	▦	▦

4 Videostation 1

1 Bilderreise. **Ordnen Sie die Bilder den Texten zu.**

> Bild a, das ist/sind ...

1. ■ Das ist der Rhein. Die Stadt Köln liegt am Rhein. Köln ist eine Millionenstadt im Westen von Deutschland. Der Kölner Dom ist weltbekannt.

2. ■ Das ist die Ostsee. Viele Menschen machen hier im Sommer Ferien, z. B. in Schweden, Dänemark, Polen oder Deutschland.

3. ■ Die Alpen sind im Süden von Deutschland. Viele Menschen fahren zum Wintersport in die Alpen, nach Österreich, in die Schweiz oder nach Norditalien.

4. ■ Die Stadt Hamburg liegt im Norden von Deutschland. Der Hafen von Hamburg ist wichtig für die Industrie, für Export und Import.

2 Video, Teil 1: Jena. Katjas Freunde: Andrick, Matthias, Justyna und Da. **Machen Sie Notizen und berichten Sie.**

> Da kommt aus ...
> Sie studiert ...

Name	Woher?	Alter	studiert
Andrick			
Justyna			Soziologie und
Matthias			Geschichte,
Da		?	Auslandsgermanistik und

3 **Die Stadt Jena.** Ergänzen Sie den Text mit Informationen aus dem Video.

1. ....

2. ....

3. ....

4. ....

5. ....

Jena ist eine Stadt in Thüringen. Hier leben ca. **1** Menschen. Das Rathaus steht am **2**. Dort ist auch das **3**, das älteste Haus in Jena. Goethe war oft in Jena. Kurfürst Johann Friedrich hat die **4** gegründet. An der Friedrich-Schiller-Universität studieren 18 000 **5**.

4 **Begrüßungen.** Was sagen die Studenten und die Lehrerin? Sammeln Sie.

Guten Tag!

Da, ...Sie, bitte!

5 **Im Café Bohème.** Ergänzen Sie die Dialoge.

1.

Justyna: ...., Katja!

Katja: Hi Justyna! Entschuldigung, ich bin zu ....

Justyna: Wo .... du heute Nachmittag?

Katja: In der .... Ich habe mit Andrick für das Seminar

.... Und du?

Justyna: Ich hatte Seminar und dann .... ich im Sportstudio.
Weißt du was, Matthias arbeitet jetzt hier!

Katja: Aha!?

2.

Justyna: Wir möchten ...., bitte.

Matthias: .... oder getrennt?

Justyna: Getrennt.

Matthias: Das sind dann 2 Euro 20 für den

.... und 3,50 für dich, Katja.

6 **Video, Teil 2: Die Wohnung in Berlin. Küche und Bad.**
Was sehen Sie? Kreuzen Sie an.

ein Waschbecken ■ – einen Herd ■ – eine Toilette ■ – eine Badewanne ■ –
einen Spiegel ■ – eine Kaffeemaschine ■ – einen Küchenschrank ■ –
einen Esstisch ■ – eine Küchenlampe ■ – Stühle ■

5 Termine

1 Uhrzeiten

1 Was kennen Sie? Ordnen Sie die Fotos zu.

1. ▨ Tut mir leid, ich stehe im Stau.
2. ▨ Wo bist du? Wann kommst du?
3. ▨ Oh, es ist schon drei! Ich komme etwas später.
4. ▨ Wir haben ein Terminproblem.

2 Uhrzeiten – offiziell und in der Umgangssprache. **Lesen und vergleichen Sie.**

Ü 1–2

	Frühstück	Mittagessen		Abendessen
Es ist …	7 Uhr (morgens). sieben.	12 Uhr 30. halb eins.	13 Uhr 45. Viertel vor zwei.	20 Uhr 15. Viertel nach acht.

Hier lernen Sie

► Zeitangaben machen (Uhrzeiten / Wochentage)
► Termine machen und sich verabreden
► sich für eine Verspätung entschuldigen
► Fragesätze mit *Wann? Von wann bis wann?*
► Präpositionen mit Zeitangaben: *am, um, von ... bis*
► trennbare Verben: *an-rufen, auf-stehen*
► Präteritum von *haben*
► Verneinung mit *nicht*
► Konsonanten: *p, b, t, d / k, g*

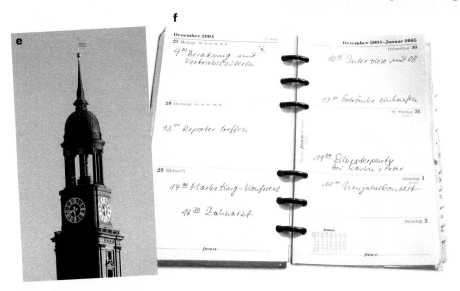

3 Hören Sie die Uhrzeiten und sprechen Sie nach.

55

4 Hören Sie die Uhrzeiten und notieren Sie. Wie spät ist es?

56 Ü3

1. .... 2. ....

3. .... 4. ....

5 Üben Sie im Kurs mit einer Uhr.

Entschuldigung, wie
viel Uhr ist es?

Entschuldigen Sie, wie
spät ist es bitte?

21 Uhr 55.
fünf vor zehn. / kurz vor zehn.

22 Uhr 10.
zehn nach zehn. / kurz nach zehn.

0 (null) Uhr. / 24 Uhr.
zwölf. / Mitternacht.

1 Uhr (nachts).
eins.

2 Tagesablauf und Termine

 1 **Tagesabläufe.** Arbeiten Sie zu zweit. Fragen und antworten Sie.

12 Ü4

aufstehen   frühstücken   arbeiten

essen   ausgehen   schlafen gehen

1. Wann stehst du am Sonntag auf?
2. Und wann stehst du am Montag auf?
3. Wann frühstückst du?
4. Wann machst du Mittagspause?
5. Bis wann arbeitest du?
6. Wann gehst du aus?
7. Wann isst du abends?
8. Wann gehst du schlafen?
9. ...

Um neun.

Bis um sechs.

Minimemo
am + Tag
um + Zeit

2 Hören Sie die Fragen. Markieren Sie die Melodie und sprechen Sie nach.

57

1. Wann stehst du am Sonntag auf?

2. Von wann bis wann arbeitest du?

3. Wann machst du Mittagspause?

4. Wann gehst du schlafen?

 3 „Sprachschatten". Ihr Partner erzählt – spielen Sie Echo.

■ Morgens stehe ich um sechs auf.   ◆ Aha, du stehst um sechs auf.
■ Ich arbeite von neun bis fünf.   ◆ Ach so, du arbeitest von neun bis fünf.
■ Am Samstag muss ich arbeiten.   ◆ Hmm, du musst am Samstag arbeiten.
■ ...

4 **Wörter mit *k* und *g* am Ende.** Hören Sie und lesen Sie mit. Vergleichen Sie.

58

Gladbeck – Luxemburg – Nürnberg – Glück – Sonntag – Lübeck

5 **Einen Dialog vorbereiten.** Hören Sie den Anrufbeantworter von Dr. Glas zweimal.

59 Notieren Sie die Sprechzeiten und berichten Sie.

Dr. med. Glas
Arzt für Allgemeinmedizin

Mo, Di und Do von _____ bis _____ Uhr

und von _____ bis _____ Uhr.

Mi von _____ bis _____ Uhr.

Fr von _____ bis _____ Uhr.

Wann ist am Montag Sprechstunde?

Am Montag ist Sprechstunde von 9 bis 13 Uhr und ...

6 **Sprechzeiten nennen.** Wann hat das Ausländeramt Leipzig Sprechzeiten?

Ausländeramt Leipzig

Telefonzeiten
Mo 8.00–12.00 und 13.00–15.00 Uhr
Di 8.00–12.00 und 13.00–18.00 Uhr
Mi, Fr 8.00–12.00 Uhr
Do 13.00–18.00 Uhr

Öffnungszeiten
Mo, Di, Fr 9.00–12.00 Uhr
Di, Do 13.00–18.00 Uhr

Landeskunde

Einwohnermeldeamt und Ausländeramt

Ausländer brauchen in Deutschland nach drei Monaten eine *Aufenthalts-genehmigung.* Die Aufenthaltsgeneh-migung hat man immer für ein Jahr. Das Ausländeramt fragt nach dem *Visum,* nach drei *Passfotos* und nach der Wohnung. Die Wohnung muss man beim Einwohnermeldeamt mel-den. Für die Wohnung hat man einen *Mietvertrag.* Kompliziert? Ja, aber für Ausländer gibt es in allen Ländern spezielle Regeln.

3 Termine machen

60 Ü5-6

 1 **Beim Arzt**

a) Hören Sie den Dialog:
Wann ist der Termin?

b) Lesen und üben Sie den Dialog zu zweit.

- ■ Praxis Dr. Glas.
- ◆ Albertini, ich hätte gern einen Termin.
- ■ Waren Sie schon einmal hier?
- ◆ Äh, nein.
- ■ Welche Krankenkasse haben Sie?
- ◆ Die AOK. Wann geht es denn?
- ■ Hm, Moment, nächste Woche Montag um 9 Uhr 30?
- ◆ Hm, da kann ich nicht, da arbeite ich. Geht es auch um 15 Uhr?
- ■ Ja, das geht auch. Also, am Montag um 15 Uhr. Auf Wiederhören.
- ◆ Auf Wiederhören.

 c) Üben Sie den Dialog: andere Namen, andere Termine.

2 **Im Beruf**

Ü7

a) Lesen Sie den Text.

Herr Effenberg möchte einen Termin bei Frau Strunz in Dresden. Er ruft an und macht den Termin. Dann fährt er nach Dresden. Aber es gibt einen Stau und er ist zu spät. Er telefoniert mit Frau Strunz.

 b) Hören Sie den Dialog und üben Sie zu zweit.

61

- ■ Strunz.
- ◆ Hier ist Effenberg, Frau Strunz?
- ■ Ja, hier ist Franziska Strunz. Herr Effenberg, wo sind Sie?
- ◆ Auf der Autobahn bei Leipzig. Es tut mir leid, ich komme zu spät.
  Aber wir hatten einen Stau. Ich bin so in einer Stunde in Dresden, so gegen zehn.
- ■ Gut, Herr Effenberg, danke für den Anruf und gute Fahrt!

 c) Üben Sie den Dialog: andere Namen, andere Termine.

 3 **Hören Sie zu: *p* oder *b*? Sprechen Sie nach. Finden Sie andere Wörter.**

62

Papier – Büro, Beruf – Praxis, ab Bochum – ab Paris, ...

4 Verabredungen

1 Sehen Sie die Bilder an und lesen Sie. Was geht (nicht)?

Ja, das geht!

1. Gehen wir am Dienstag um sechs schwimmen?
2. Am Freitag kommt „Romeo und Julia". Treffen wir uns um sieben?
3. Gehen wir morgen Abend zusammen ins Kino? Ich möchte „Findet Nemo" sehen.
4. Gehen wir am Sonntag um drei in den Zirkus?
5. Gehen wir am Montag ins Museum?

Das geht nicht!

2 Üben Sie den Dialog zu zweit.

Ü8

- ■ Hallo, Anja! Gehen wir zusammen ins Kino?
- ◆ Ja gern, wann denn?
- ■ Morgen Abend?

- ◆ Ja, das geht.
- ◆ Nein, das geht nicht. Morgen kann ich nicht.
  - ■ Und am Freitag?
  - ◆ Freitag ist gut.

- ■ Um wie viel Uhr treffen wir uns?
- ◆ Um sieben?
- ■ Okay, tschüss bis dann!

3 Üben Sie den Dialog: andere Tage, andere Zeiten.

Gehen wir zusammen
in den Park? / in den Zoo?
ins Theater? / ins Konzert? / ins Café Einstein?
in die Oper? / in die Stadt? / in die Disko?

5 Sich verabreden – ein Rollenspiel vorbereiten

 1
63 Ü 9-10

a) Hören Sie die Fragen und Antworten.
Sprechen Sie nach.

b) Wählen Sie eine Karte aus und spielen
Sie den Dialog mit Ihrer Partnerin /
Ihrem Partner.

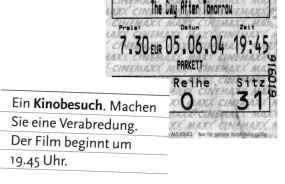

> Ein **Kinobesuch**. Machen
> Sie eine Verabredung.
> Der Film beginnt um
> 19.45 Uhr.

> Machen Sie einen Termin
> beim **Zahnarzt**. Sie kön-
> nen am Montagmorgen
> und am Dienstagabend.

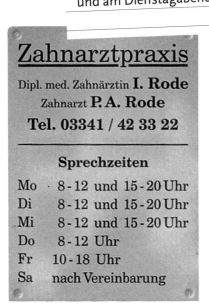

Zahnarztpraxis

Dipl. med. Zahnärztin **I. Rode**
Zahnarzt **P. A. Rode**

Tel. 03341 / 42 33 22

Sprechzeiten

Mo	8 - 12 und 15 - 20 Uhr
Di	8 - 12 und 15 - 20 Uhr
Mi	8 - 12 und 15 - 20 Uhr
Do	8 - 12 Uhr
Fr	10 - 18 Uhr
Sa	nach Vereinbarung

> Machen Sie einen Termin
> beim **Frisör**. Es gibt nur
> Termine am Donnerstag-
> morgen und am Freitag-
> mittag.

> Machen Sie einen Termin
> bei ... Sie können nur am
> Freitag.

Redemittel

um einen Termin bitten
Haben Sie einen Termin frei?
Kann ich einen Termin haben?
Gehen wir am Freitag ins Kino?

einen Termin vorschlagen
Geht es am Freitag um 9.30 Uhr?
Geht es in einer Stunde?
Können Sie am Freitag um
halb zehn?
Treffen wir uns am ... um ...?

ablehnen ☹
Tut mir leid, | das geht nicht. Da haben
wir keine Termine frei.
das passt mir nicht.
Da muss ich arbeiten.
Am Freitagabend kann ich leider nicht,
Um neun geht es leider nicht,

zustimmen ☺
Ja, das passt gut.
Ja, das geht.

aber am Samstag.
aber um zehn.

2 Termine, Termine. **Wo hat Otto Termine?**
Hören Sie und ergänzen Sie die Städte
mit *t* oder *d*.

.....üsseldorf .....übingen .....ortmund

.....resden .....immendorf .....essau

> Am Montag hat Otto einen
> Termin in Düsseldorf.

> Am Dienstag ...

3 Wer hat gute Ausreden? Üben Sie.

> Wo warst du? Ich warte
> seit 6 Uhr!

> Entschuldigung, meine
> Uhr ist Kaputt.

Redemittel

Entschuldigungen/Ausreden

Entschuldigung, aber ich ... war im Stau / hatte keinen Stadtplan / keine Uhr.
Entschuldigen Sie, ich komme zu spät. Mein Zug hatte Verspätung.
Tut mir leid, ich bin zu spät. Mein Wecker/Auto/... war kaputt.
Tut mir leid, aber ich habe den Termin vergessen!

 4 Hören Sie und sprechen Sie nach.

6 Zeit systematisch, trennbare Verben, Verneinung

1 Zeit systematisch. *Wann? – Am, um, von ... bis.* Ergänzen Sie die Regel.

5

Wann? / Um wie viel Uhr?	Wann kommst du ins Büro? **Am** Mittwoch **um** neun.
Bis wann?	Bis wann bist du heute zu Hause? **Bis** zwölf Uhr.
Von wann bis wann?	Mittagspause ist **von** eins **bis** zwei.

Regel .... plus Tag (Montag), ... plus Uhrzeit (neun Uhr)

2 Lyrische Konjugation. **Präteritum von** *haben.*

Ü 11–12

Ausreden
Ich hatte keine Zeit.
Du hattest viel Zeit.
Er hatte ein Auto.
Sie hatte kein Auto.
Es hatte eine Panne.
Sie hatte kein Telefon.
Wir hatten ein Problem.
Ihr hattet keine Probleme.
Sie hatten einfach Glück.

3 Trennbare Verben im Satz. **Schreiben Sie Fragen und Antworten wie in der Liste.**

4 Ü 13

  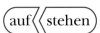 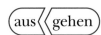

1. Wann : **rufst** : du mich : **an**?
2. Ich : rufe : dich morgen : an.
3. Rufst : du : mich : an?

1. Wann kaufst du ...?
2. ...

4 Termine absagen

17 Ü 14

a) Wo steht *nicht*? Markieren Sie.

Kommst du am Freitag?

Nein, ich komme am Freitag *!!*

Kommst du nicht mit?

Nein, ich komme nicht mit!

1. Am Sonntag kann ich nicht.
2. Am Freitag? Nein, das geht nicht.
3. Um fünf kann ich nicht.
4. Ich gehe am Sonntag nicht aus.

b) Sagen Sie die Termine ab. Verwenden Sie die Sätze aus a).

1. Gehen wir am Freitag schwimmen?
2. Kannst du am Sonntag?
3. Treffen wir uns um fünf Uhr?
4. Gehen wir am Sonntag ins Café?
5. Gehen wir am Wochenende in den Zirkus?
6. Kommst du morgen ins Büro?
7. Kommst du um fünf nach Hause?
8. Kommst du am Freitag mit ins Theater?

7 Zeitpläne und Pünktlichkeit

1 Lesen und vergleichen Sie die beiden Zeitpläne. Wie machen Sie Ihren Plan?

Plan 1: Übungszeit 3 Stunden

Dienstag:	½ Stunde
Donnerstag:	½ Stunde
Freitag:	1 Stunde
Sonntag:	1 Stunde
Montag:	Test

Plan 2: Übungszeit 3 Stunden

Di: ....

Mi: ....

Do: ....

Fr: ....

Sa: ....

So: *3 Stunden* ....

Mo: *Test* ....

Lerntipp

Kurz üben und oft üben ist besser als viel lernen an einem Tag!

2 Pünktlichkeit

a) Was ist für Sie pünktlich? Beantworten Sie die Frage und sprechen Sie im Kurs.

Das ist noch pünktlich / sehr unpünktlich.

1. Die Party beginnt um acht. Sie kommen zwanzig nach acht.
2. Der Zug hat acht Minuten Verspätung.
3. Das Kino beginnt um 19.30 Uhr. Sie kommen um 19.35 Uhr.
4. Der Kurs beginnt um acht. Sie sind fünf nach acht im Kurs.
5. Ihre Freunde kochen heute. Das Essen beginnt um 19 Uhr. Sie kommen um halb acht.

b) Lesen Sie den Text. Was denken Sie?

Anni Fayolle studiert in Tübingen. Sie schreibt über die Deutschen und die Pünktlichkeit.

Sind die Deutschen wirklich so pünktlich? Alle sagen, die Deutschen sind sehr pünktlich. Aber ich glaube das nicht. Ich fahre oft Bahn. Die Züge sind sehr modern und hell. Die Fahrpläne sind klar. Die Züge sind meistens pünktlich, aber manchmal haben sie auch zehn oder zwanzig Minuten Verspätung. In Frankreich sind die Züge nicht so modern, aber sie sind fast immer pünktlich. In Deutschland hast du um zwei einen Termin beim Zahnarzt und du wartest bis halb drei. Viele Partys beginnen offiziell um acht, aber die meisten kommen erst um halb neun oder neun. Die Deutschen sprechen viel über die Uhrzeit. Aber ich glaube, sie sind genauso pünktlich oder unpünktlich wie die anderen Europäer auch.

Übungen 5

1 **Uhrzeiten. Zeichnen Sie die Zeiten ein.**

 1. Es ist zwanzig nach eins.

 4. Es ist halb sieben.

 2. Es ist Viertel vor drei.

 5. Es ist kurz nach fünf.

 3. Es ist genau vier.

 6. Es ist zehn vor acht.

2 **Wie viel Uhr ist es?** Schreiben Sie. Es gibt mehrere Möglichkeiten.

1 **2** **3** **4** **5** **6** **7** **8**

1. *Es ist 8.30 Uhr / halb neun.* ....

2. ....

3. ....

4. ....

5. ....

6. ....

7. ....

8. ....

3 **Hören Sie und notieren Sie die Uhrzeiten.**

1. *16.20* ....

2. ....

3. ....

4. ....

5. ....

6. ....

4 **Tagesablauf und Termine international. Ordnen Sie die Bilder den Sätzen zu.**

1. ▨ Viele Deutsche frühstücken um neun Uhr im Büro.
2. ▨ In Spanien macht man von 14 bis 16 Uhr eine Mittagspause.
3. ▨ In China isst man um sieben Uhr zum Frühstück eine Suppe.   *Und Sie?*
4. ▨ In Japan isst man um zwölf Uhr zu Mittag.

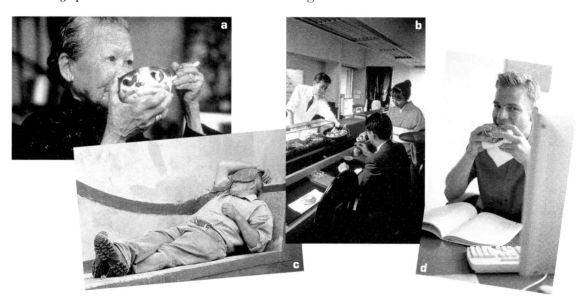

5 **Einen Arzttermin machen. Da Qui ruft in der Praxis Dr. Glas an.**

a) Ergänzen Sie den Dialog.

am – bis – um – um – wann

▪ Hier Praxis Dr. Glas, Schwester Christiane, guten Tag.

◆ Guten Tag. Hier ist Da Qui. .... ist am Freitag Sprechstunde, bitte?

▪ Am Freitag? Von acht Uhr .... zwölf Uhr.

◆ Ich hätte gern einen Termin. Geht es .... elf Uhr?

▪ Ja, ... elf ist es okay.

◆ Gut, dann komme ich .... Freitag um elf.

b) Lesen Sie den Dialog laut.

6  **Sie möchten einen Termin beim Arzt.**
Was fragt die Arzthelferin?
Kreuzen Sie an.

1. Waren Sie schon einmal hier?   ✗
2. Wann stehen Sie am Mittwoch auf?   ▨
3. Geht es am Donnerstag um elf Uhr?   ▨
4. Haben Sie ein Visum?   ▨
5. Welche Krankenkasse haben Sie?   ▨
6. Wann können Sie kommen?   ▨

7 **Textkaraoke. Hören Sie und sprechen Sie die ⌇-Rolle im Dialog.**

67

👂 ...
⌇ Albertini, ich hätte gern einen Termin.
👂 ...
⌇ Äh, nein.
👂 ...
⌇ Die AOK. Wann geht es denn?

👂 ...
⌇ Hm, da kann ich nicht, da arbeite ich. Geht es auch um 15 Uhr?
👂 ...
⌇ Auf Wiederhören.

8 **Verabredungen. Ordnen Sie die Dialoge.**

Am Freitag. – Wie schön, ein Konzert! Um wie viel Uhr? – Gut, also tschüss bis Samstag. – Das Konzert beginnt um acht. Treffen wir uns um sieben? – In die Disko? Wann denn? – Um sieben ist gut. – Freitag ist gut. Um wie viel Uhr? – Gut, um neun. Bis Freitag! – Um zehn? – Zehn ist zu spät. Besser um neun.

Dialog 1

■ Gehen wir am Samstag ins Violinkonzert?

◆ ....

■ ....

◆ ....

■ ....

Dialog 2

■ Hallo, Marco. Gehen wir zusammen in die Disko?

◆ ....

■ ....

◆ ....

■ ....

◆ ....

■ ....

9 **Im Beruf. Ordnen Sie den Dialog im Heft und spielen Sie ihn im Kurs.**

Herr Siebers

1. Mein Zug hat Verspätung. Ich bin erst in einer Stunde in Frankfurt.
2. Ja, bis morgen um zehn.
3. Hier ist Siebers. Guten Tag, Frau Faber.
4. Tut mir leid, da kann ich nicht.
5. Um zehn Uhr geht es.

Frau Faber

a) Guten Tag, Herr Siebers.
b) Erst in einer Stunde! Hm ... Das ist zu spät. Ich habe noch einen Termin. Können Sie auch morgen um neun?
c) Schön, dann bis morgen. Und vielen Dank für den Anruf.
d) Und um zehn?

10 Hier sind die Antworten. Wie sind die Fragen?

1. ■ *Um wie viel Uhr fängt der Film an?*
   ◆ Der Film fängt um 22.00 Uhr an.

2. ■ ....
   ◆ Die Sprechzeit ist von 15 bis 17.00 Uhr.

3. ■ ....
   ◆ Das Fest ist am 25. August.

4. ■ ....
   ◆ Die Yoga-Klasse kostet 7 Euro.

5. ■ ....
   ◆ Der Treffpunkt ist der S-Bahnhof Unter den Linden.

Dr. med. Ina Hinz
HNO - Ärztin

Montag	Dienstag	Mittwoch	Donnerstag	Freitag
8 - 12	8 - 12	8 - 12	8 - 12	8 - 12
16 - 19	15 - 17		15 - 18	

Tel. 40 86 5?

Staatliche Museen Dahlem
FREILUFTKINO DAHLEM *zitty*
Das Wunder von Bern
Heute 22 Uhr

WASSERFEST
25. August 2004
12.00-19.00 Uhr
Livemusik & Show
Wasserspaß für Kinder

Besuch des Reichstagsgebäudes und Besichtigung des Regierungsviertels
■ Treffpunkt: 14:00 Uhr vor dem S-Bahnhof Unter den Linden, Ausgang Hotel Adlon
■ Dauer: c...
■ Preis: 8,0...
■ Bitte an...

Uhrzeit / Studio	Montag
19.30 - 21 h Studio 1 / 16.-19.8. Studio 4	**Ballett (basis/a)** Sabine Sandloff
20 - 21.30 h Studio 3	**Yoga (*)** Ku'ulei Miura Fahling

(a) = Anfängerinnen (m) = Mittelstufe
(m/f)= Mittelst./Fortgeschrittene (*) = offen   **Jede Klasse 7,- €,**

11 Das Präteritum von *haben*. Ergänzen Sie die Formen.

1. Das Ausländeramt .... gestern keine Sprechzeit.
2. .... ihr am Sonntag keine Zeit?
3. Ich .... gestern ein Problem mit dem Auto.
4. Um 1900 .... viele Wohnungen kein Badezimmer.
5. .... du eine gute Fahrt von München nach Berlin?
6. Wir .... heute morgen einen Termin in Stuttgart, aber wir waren zu spät.

12 Ausreden. Schreiben Sie sieben Sätze.

Sie sind zu spät!   Ich hatte ...   Ihr seid zu spät!   Wir hatten ...

keine Zeit – ein Terminproblem – kein Telefon   keine Uhr   einen anderen Termin – einen Termin in Düsseldorf – keinen Stadtplan

1. *Entschuldigung, ich hatte kein Telefon.*   5. ....
2. *Tut mir leid,*   6. ....
3. ....   7. ....
4. ....

13 **Trennbare Verben im Satz.** **Ergänzen Sie die Lücken.**

~~nachsprechen~~ – ansehen – anrufen – aufstehen – anfangen – einkaufen – zuordnen

1. *Sprechen* .... Sie den Dialog .... *nach* ....

2. .... Sie die Bilder den Dialogen ....

3. Komm, wir .... uns die Fotos .... !

4. Um wie viel Uhr .... der Film .... ?

5. Wann .... wir Frau Strunz .... ?

6. Wo .... du heute .... ?

7. Wann .... du am Samstag .... ?

14 **Verneinen Sie die Sätze mit** *nicht.*

Der Tag von Herrn Siebers

Ich stehe um 5.45 Uhr auf und jogge um 6 Uhr.
Ich frühstücke um 6.45 Uhr. Ich arbeite von 9 Uhr
bis 12.30 Uhr und auch von 13 Uhr bis 19 Uhr.
Ich habe viele Termine. Ich telefoniere oft.
Ich gehe um 23 Uhr schlafen. Ich lebe gesund.

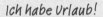

Ich habe Urlaub!

Der Tag von Herrn Siebers im Urlaub

Ich stehe nicht um 5.45 Uhr auf und jogge nicht um 6 Uhr. Ich ....

....

....

....

....

....

Das kann ich auf Deutsch

mich verabreden / einen Termin machen / Terminvorschläge annehmen, ablehnen

■ Geht es am Freitag um neun?

◆ Ja, das passt gut.
◆ Nein, da kann ich nicht.

nach Zeiten fragen / Zeiten nennen

Zeitpunkt
Wann treffen wir uns?
Um wie viel Uhr kommst du?
Treffen wir uns **am** Montag **um** halb acht?
um neun / **in** einer Stunde

Zeitraum
Von wann **bis** wann geht der Kurs?
Von 9 **bis** 13 Uhr.

mich entschuldigen

Tut mir leid, aber ich habe den Termin vergessen.

Wortfelder

Uhrzeiten

Es ist zehn vor zwölf.
um 22 Uhr 45

Wochentage

Montag, Dienstag, ...

Grammatik

Trennbare Verben

anrufen: **Rufst** du mich **an**?
aufstehen: Ich **stehe** um 6 Uhr 20 **auf**.

Präpositionen + Zeitangaben

am Montag, **um** 9 Uhr, **von** 8 **bis** 16 Uhr

Präteritum von *haben*

Ich **hatte** einen Termin mit Frau Strunz.

Verneinung mit *nicht*

Am Sonntag kann ich **nicht**.

Aussprache

Konsonanten *p, b, t, d, k, g*

Papier – Büro, Timmendorf – Dresden, Nürnberg, Glück

🎧 Laut lesen und lernen

68

Ich bin leider zu spät!
Das passt mir nicht! / Das geht leider nicht! / Da kann ich leider nicht.
Ich hätte gern einen Termin. – Wann denn? – Geht es am Montag?
Ich komme gegen zehn. / Ich komme in einer Stunde.
Ich habe den Bus verpasst.
Tut mir leid, ich ...

6 Orientierung

1 Arbeiten in Leipzig

Ich heiße Marco Sommer und bin Verlagskaufmann. Ich wohne in Gohlis und arbeite bei der Leipziger Volkszeitung im Verlagshaus am Peterssteinweg. Ich fahre eine Viertelstunde mit dem Fahrrad.

Ich bin Monica Ventura und wohne in Markkleeberg. Ich arbeite bei der Commerzbank am Thomaskirchplatz. Ich fahre zehn Minuten mit der Straßenbahn.

1 **Wortfeld Stadt.** Sammeln Sie Wörter aus dem Stadtplan.

Hauptbahnhof, Hotel, Oper, ...

2 **Informationen sammeln.** Lesen Sie die Texte und ergänzen Sie die Tabelle.

Name	wohnt ...	arbeitet ...	fährt ...	Zeit
Marco Sommer	in Gohlis	bei der	mit dem	eine

3 **Informationen hören und vergleichen.** Welche Informationen sind neu?

69

Marco Sommer: „fünf Kilometer"

Hier lernen Sie

▶ sagen, wo Leute arbeiten und wohnen
▶ sagen, wie Leute zur Arbeit kommen
▶ in einem Haus nach dem Weg / nach einer Person fragen
▶ Verkehrsmittel
▶ Präpositionen: *in, neben, unter, auf, vor, hinter, an, zwischen, bei* und *mit* + Dativ
▶ Ordnungszahlen
▶ Konsonanten: *f, w* und *v*

Ich bin Birgit Schäfer und wohne in Schkeuditz. Ich arbeite bei ALDI am Leipziger Hauptbahnhof. Ich fahre eine halbe Stunde mit dem Zug.

Ich heiße Alexander Novak und wohne in Grünau. Ich arbeite in einer Buchhandlung im Stadtzentrum. Ich brauche im Stadtverkehr 20 Minuten mit dem Auto.

4 Wo Leute arbeiten / wie Leute zur Arbeit kommen. **Erzählen Sie**.

Ana geht zu Fuß!

Redemittel	Er	wohnt in ...		
	Sie	arbeitet bei/in		
	Mein Freund	kommt/fährt mit	dem Bus der U-Bahn	zur Arbeit. zum Sprachkurs.

5 Fragen Sie im Kurs.

Ü 1–2

Wo wohnen Sie und wo arbeiten Sie?

Ich wohne ... und arbeite ... Und Sie?

Wie kommen Sie zum Deutschkurs?

Ich komme mit der Straßenbahn. Und Sie?

2 Im Verlagshaus

4. Etage

3. Etage

2. Etage

1. Etage

Erdgeschoss

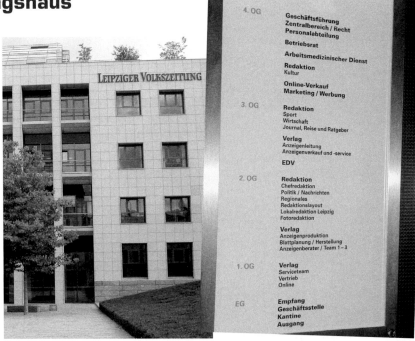

4. OG	**Geschäftsführung** Zentralbereich / Recht Personalabteilung **Betriebsrat** **Arbeitsmedizinischer Dienst** **Redaktion** Kultur **Online-Verkauf** **Marketing / Werbung**
3. OG	**Redaktion** Sport Wirtschaft Journal, Reise und Ratgeber **Verlag** Anzeigenleitung Anzeigenverkauf und -service **EDV**
2. OG	**Redaktion** Chefredaktion Politik / Nachrichten Regionales Redaktionslayout Lokalredaktion Leipzig Fotoredaktion **Verlag** Anzeigenproduktion Blattplanung / Herstellung Anzeigenberater / Team 1 – 3
1. OG	**Verlag** Serviceteam Vertrieb Online
EG	**Empfang** **Geschäftsstelle** **Kantine** **Ausgang**

1 **Was ist wo im Verlag?** Lesen Sie den Text und ergänzen Sie.

Die *Leipziger Volkszeitung* hat ihr Verlagshaus am Peterssteinweg 19. Das Haus hat vier Etagen. Im Verlag arbeiten viele Leute.
Unten, im Erdgeschoss, sind der Empfang und die Kantine. In der ersten Etage ist die Online-Redaktion. In der zweiten Etage sind die Redaktionsbüros. Viele Redakteure arbeiten hier an ihren Computern, auch nachts. In der dritten Etage ist die Redaktion Sport. In der vierten Etage sind die Konferenzräume und das Büro von Dr. Weber. Er ist Marketingchef.

im Erdgeschoss: *der Empfang,*
die ....

in der ersten Etage: ....
....

in der zweiten Etage: ....
....

in der dritten Etage: ....
....

in der vierten Etage: ....
....

2 **Hören Sie die Wörter und markieren Sie [f] wie *fahren* und [v] wie *wohnen*.**

70

die Werbung – die Wohnung – zu Fuß – viele – der Verlag – vier – Dr. Weber
westlich – das Fahrrad – das Wörterbuch – der Videorekorder – der Füller

3 [f] wie *fahren* oder [v] wie *wohnen*? Lesen Sie den Text aus Aufgabe 1 laut mit.

71   Achten Sie auf die Aussprache von [f] und [v].

4 Sprechen und schreiben. [f] und [v]. Suchen Sie Beispiele.

[f] wie fahren	[v] wie wohnen
v – vier	*w – Wohnung*
....	....

5 **Orientierung im Verlag.** Hören Sie und üben Sie zu zweit.

72

> Guten Tag, ich suche die Marketingabteilung. Wo ist die bitte?

> Die ist in der vierten Etage, links neben der Kulturredaktion.

> Wo finde ich bitte die Chefredaktion?

> In der zweiten Etage, Zimmer 215 bitte.

> Entschuldigung, wo sind hier die Toiletten?

> Gleich hier unten rechts, neben der Kantine.

 6 **An der Information.** Üben Sie den Dialog: andere Fragen, andere Antworten.

Ü 3–5

Redemittel	so kann man fragen		so kann man antworten
	Wo ist / sind bitte ... In welcher Etage ist / sind ... Entschuldigung, wo finde ich ...	die Personalabteilung? das Sekretariat? die Toiletten? die Kantine? der / den Marketingchef? ein / einen Parkplatz	Im Erdgeschoss. In der ersten Etage. In der zweiten Etage links. In der dritten Etage rechts. In der vierten Etage. Vor dem Haus.

 7 **Ein Spiel für zwei.** Wer arbeitet wo?

– Notieren Sie sechs Räume: z. B. Marketingchef, Sekretariat, Vertriebsleiterin, Personalabteilung, Kantine, Toiletten.
– Zeichnen Sie zwei Häuser A und B mit sechs Feldern, schreiben Sie in A die Räume.
– Fragen Sie:

> Ist der Marketingchef in der zweiten Etage rechts?

> Nein. Arbeitet die Vertriebsleiterin im Erdgeschoss rechts?

> Richtig! Ist die Personalabteilung in der ...?

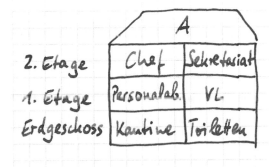

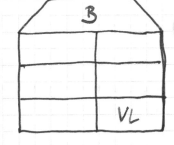

 8 **Orientierung in der Sprachschule.** Fragen und antworten Sie.

> Entschuldigung, wo ist das Sekretariat?

> Das Sekretariat ist im Erdgeschoss.

1 Im Redaktionsbüro. **Was sehen Sie?**

im Regal   vor der Tür   an der Wand

auf dem Stuhl hinter dem Buch unter der Zeitung

2 Lesen Sie die Tabelle. **Wo sind die Sachen? Beschreiben Sie.**

> Das Bild hängt an der Wand

> Die Fotos liegen unter der Zeitung.

> Die Bücher stehen im Regal.

Minimemo
in dem = im
an dem = am
bei dem = beim

Grammatik

Präpositionen + Dativ: *Wo ...?*

Die Tasche *(Singular)*	ist	auf / unter	**dem** Tisch / **einem** Tisch.
	liegt	in / neben / an	**dem** Regal / **einem** Regal.
	steht	vor / hinter	**der** Wand / **einer** Wand.
Die Taschen *(Plural)*	sind		**den** Stühlen / **den** Regalen /
	liegen	zwischen *(Pl.)*	**den** Zeitungen.
	stehen		

3 Ein Schreibtisch in der Redaktion. **Ordnen Sie zu. Schreiben Sie Sätze.**

- der Monitor
- die CD-ROM
- der Drucker
- die Tasse Kaffee
- das Buch
- die Tastatur
- das Telefon
- das Handy
- die Maus

Die CD-ROM liegt vor dem Monitor. Der Monitor steht ...

4 Suchen und finden. **Was ist wo? Hören Sie und schreiben Sie in die Zeichnung.**

73 Ü6

Paul und Paula gehen ins Theater. Paul sucht die Theaterkarten und den Autoschlüssel. Paula sucht die Brille und die Handtasche.

in der Handtasche

5 Ein Spiel im Kurs. **Wo ist das Buch / der Kuli / die Tasche / ...?**

Eine/r fragt:

Ist das Buch unter dem Tisch?

... in der Tasche?   *... neben ...*

Die Gruppe antwortet mit:

Kalt!   *Nein!*

Warm!   *Heiß!*

4 Termine machen

 1 Terminangaben verstehen

74

a) Lesen Sie den Terminkalender.

b) Hören Sie das Telefonat und notieren Sie den Termin.

 2 Hören Sie das zweite Telefonat. Notieren Sie den alten und den neuen Termin.

75 Ü 7–8

3 **Zahlen und Ordnungszahlen.** Ergänzen Sie.

1 eins	1. der **erste** Mai	am **ersten**
2 zwei	2. der zweite	am zweiten
3 drei	3. der **dritte**	am **dritten**
6 sechs	6. der sechste	....
7 sieben	7. der **siebte**	....
8 acht	8. der achte	....
10 zehn	10. der zehnte	....
17 siebzehn	17. der siebzehnte	....
20 zwanzig	20. der zwanzigste	....
21 einundzwanzig	21. der einundzwanzigste	....

Minimemo

Nominativ:
Zahl + *-te*
Heute **ist** der
zweite Mai.

Dativ:
Zahl + *-ten*
Ich **habe am**
zwei**ten** Mai
Geburtstag.

4 **Geburtstage.** Wann sind Sie geboren? Machen Sie einen Geburtstagskalender.

Ü 9

Name	Geburtstag
Roberto Fabiani	22.8.1973

Ich bin am zweiundzwanzigsten
Achten neunzehnhundert-
dreiundsiebzig geboren.

Ich habe am elften Elften Geburtstag.

5 Die Stadt Leipzig

1 Leipzig und die Musik. Sammeln Sie Wörter zum Thema *Musik*.

Besuchen Sie Leipzig!

Leipzig ist eine Großstadt mit Tradition. Seit 1497 finden hier Messen statt. Seit 1409 gibt es die Leipziger Universität. Viele berühmte Leute lebten in Leipzig. Der Dichter Johann Wolfgang von Goethe war hier Student. Der Komponist Johann Sebastian Bach arbeitete und lebte hier. Er war Kantor an der Thomaskirche und dirigierte den berühmten Thomanerchor.

Heute ist Leipzig eine moderne Großstadt mit Industrie, Handel und viel Kultur. An der Universität studieren Studenten aus der ganzen Welt.

In Leipzig gibt es für jeden Besucher etwas. Das Stadtzentrum mit schönen alten Häusern, Geschäften und Restaurants lädt zum Bummeln ein. Musikfans besuchen die Oper, hören eine Sinfonie im Gewandhaus oder besuchen ein Konzert von den „Prinzen". Bücherfreunde kommen jedes Jahr im März zur Buchmesse. Und noch ein Tipp: Wenn Sie Leipzig besuchen, fahren Sie mit dem Zug! Der Leipziger Hauptbahnhof mit seinen vielen Geschäften zählt zu den schönsten in Europa.

Buchmesse & Literaturfestival

- 1 Eintrittskarte
  zur Leipziger Buchmesse
- 2-h Stadtrundgang
- 1 Abendessen
  (3-Gänge-Menü ohne Getränke in einem Innenstadtrestaurant)

Preis pro Person: **36,– €**

Termin: 25.–28.03.2004

Osterstimmung in Leipzig

- 1 Eintrittskarte
  für die Aufführung der
  Matthäuspassion mit Thomanerchor und Gewandhausorchester
  in der Thomaskirche am
  08.04.2004 (Preisgruppe II), am
  09.04.2004 (Preisgruppe III),
  am 10.04.2004 (Preisgruppe IV)
- 2-stündiger Stadtrundgang
- 1 Abendessen
  im Restaurant Auerbachs Keller
  (3-Gänge-Menü ohne Getränke)

Preis pro Person: 08.04.04 69,– €
09.04.04 62,– €
10.04.04 53,– €

LEIPZIG

2 Quiz online. Informationen über Leipzig finden.

a) Wer ist das?   **Wann ist das?**   **Was ist das?**

> **! Internettipp**
>
> www.leipzig-online.de

b) Finden Sie drei ...

... Kinofilme	... Sehenswürdigkeiten	... Museen

Übungen 6

1 Arbeiten in Leipzig.

a) Lesen Sie die Texte und ergänzen Sie.

1. ▦ Ute Schmitt studiert Medizin. Sie ......*wohnt*...... in einem Studentenwohnheim in der 12. Etage. Sie .... jeden Tag zu Fuß in die Uni.

2. ▦ Ludwig Frey wohnt in Borna und .... bei der Leipziger Volkszeitung.
   Er kommt jeden Tag mit der S-Bahn nach Leipzig. Er braucht 45 ....

3. ▦ Gert Brenner ist .... Er arbeitet in einem Krankenhaus: in der
   Uni-Klinik in der Riemannstraße. Herr Brenner wohnt in Delitzsch und
   .... mit dem Auto nach Leipzig. Er braucht eine Stunde.

4. ▦ Gisela Wagner ist Musikerin und arbeitet im Leipziger Gewandhausorchester.
   Sie wohnt in der Schletterstraße und .... 20 Minuten mit dem
   ....

b) Ordnen Sie die Fotos den Texten zu.

a

b

c

d

2 In der Stadt. Was kennen Sie? Notieren Sie mindestens acht Wörter mit Artikel.

das Taxi

....

....

....

....

....

....

....

3 Im Verlagshaus. Finden Sie neun Wörter. Schreiben Sie die Wörter mit Artikel.

marketing|sekretariatverlagshauskantinechefpersonalabteilungredakteurbürokonferenzräume

das Marketing

....

....

....

4 Hier sind die Antworten. Stellen Sie die Fragen.

1. *Entschuldigung, wo finde ich das Sekretariat?*
   ....
   Das Sekretariat ist in der ersten Etage links, Zimmer 103.

2. ....
   Die Toiletten? Gleich hier rechts, neben der Kantine.

3. ....
   Die Personalabteilung ist in der dritten Etage rechts.

4. ....
   Der Parkplatz ist vor dem Haus.

5 **Im Verlag. Was ist wo?** Hören Sie die Dialoge und notieren Sie.

76

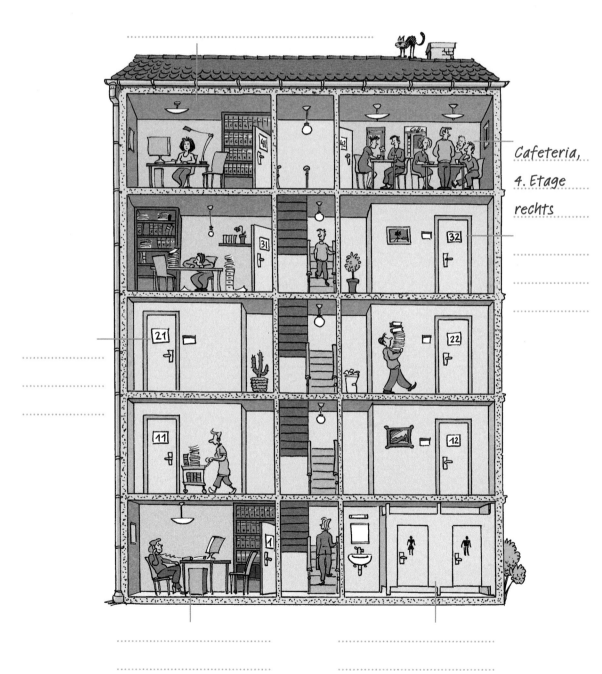

Cafeteria,
4. Etage
rechts

6 Anja macht eine Party. Was ist wo? Beschreiben Sie ihr Zimmer vor und nach der Party mit den Präpositionen *in, neben, unter, auf, vor, hinter, an, zwischen.*

vor der Party
Der Computer steht auf dem Schreibtisch.

nach der Party
Der Computer steht unter dem Schreibtisch.

7 Ergänzen Sie die Artikel.

1. Monika Schulze wohnt in Fulda und arbeitet in Frankfurt. Sie fährt meistens mit .... Zug. Manchmal fährt sie aber mit .... Auto.

2. Uwe Renschler wohnt in Stuttgart und arbeitet bei Mercedes. Er fährt oft mit .... S-Bahn. Manchmal fährt er mit .... Bus.

3. Victor Peres ist Student. Er fährt gern mit .... Fahrrad.

8 Termine bei der Ärztin machen. Hören Sie und tragen Sie die Termine von Herrn Martens, Herrn Wagner und Frau Seidel in den Kalender ein. Heute ist Montag.

77

Montag, 9.8.	Dienstag, 10.8.	Mittwoch, 11.8.	Donnerstag, 12.8.	
8 00	8 00	8 00	8 00 *Schulze*	
8 15	8 15	8 15 *Köhler*	8 15	
8 30	8 30 *Beckmann*	8 30	8 30 *Franz*	
8 45 *Fröhlich*	8 45	8 45	8 45	
9 00	9 00	9 00 *Höhne*	9 00 *Bauer*	
9 15 *Hermann*	9 15	9 15	9 15	
9 30	9 30 *Friedrich*	9 30	9 30	
9 45 *Wagner*	9 45	9 45	9 45	
10 00	10 00	10 00	10 00	
10 15 *Steiner*	10 15	10 15 *Müller*	10 15	
10 30	10 30 *Schütze*	10 30	10 30	10 ³⁰
10 45 *Finster*	10 45	10 45	10 45 *Ziegler*	10 45
11 00	11 00	11 00	11 00	11 00
11 15	11 15	11 15	11 15	11 15 *Schumann*
11 30	11 30	11 30 *Schmidt*	11 30	11 30
11 45	11 45	11 45	11 45	11 45
12 00	12 00	12 00	12 00	12 00

9 Welche Sätze passen? Kreuzen Sie an.

1. Können wir uns im Dezember noch treffen?
a) ▦ Ja sicher. Wann geht es bei Ihnen?
b) ▦ Prima, um zwölf geht es.
c) ▦ Morgen habe ich leider keine Zeit.

2. Wann geht es bei Ihnen?
a) ▦ Am ersten Vierten kann ich nicht.
b) ▦ In der Kantine.
c) ▦ Um 15 Uhr.

3. Wir müssen den Termin verschieben.
a) ▦ Nein, da kann ich nicht.
b) ▦ Tut mir leid, da habe ich schon einen Termin.
c) ▦ Ja, okay. Wann passt es bei Ihnen?

4. Am Dienstag um 10 Uhr geht es bei mir.
a) ▦ Ja, um 12 Uhr passt es mir gut.
b) ▦ Da kann ich leider nicht. Geht es bei Ihnen auch am Mittwoch?
c) ▦ Gut, dann bis Montag.

10 Einige Feiertage in Deutschland, Österreich und der Schweiz

Feiertage in Ⓓ, Ⓐ und ㏅				
	Karfreitag	Ostermontag	Himmelfahrt / Auffahrt	Pfingstmontag	nationale Feiertage
2005	25.03.	28.03.	05.05.	16.05.	Tag der deutschen Einheit: 03.10.
2006	14.04.	17.04.	25.05.	05.06.	Nationalfeiertag Österreich: 26.10.
2007	06.04.	09.04.	17.05.	28.05.	Nationalfeiertag Schweiz: 01.08.
2008	21.03.	24.03.	01.05.	12.05.	

a) Ordnungszahlen trainieren. Ergänzen Sie: Wann ist ...

1. ... Ostermontag 2007? *Am neunten Vierten.*

2. ... der Tag der deutschen Einheit 2008?

3. ... Himmelfahrt 2005?

4. ... Karfreitag 2008?

5. ... Pfingstmontag 2006?

b) Welche Feiertage gibt es in Ihrem Land?

Das kann ich auf Deutsch

sagen, wo Leute wohnen und arbeiten

Ich wohne in Leipzig.
Ich arbeite bei Aldi / bei der Volkszeitung / in einer Bank.

sagen, wie Leute zur Arbeit kommen

Ich fahre mit dem Auto / mit der Straßenbahn. / Ich gehe zu Fuß.

mich in einem Haus orientieren

■ Entschuldigung, wo ist bitte das Sekretariat?　◆ In der dritten Etage links!

Termine machen, Zeitangaben verstehen

■ Können wir uns am 23.10.　◆ Ja, das geht.
um 14 Uhr treffen?　◆ Nein, da habe ich leider schon einen Termin.

Wortfelder

Büro

der Schreibtisch, das Regal, die Papiere ...

Verkehrsmittel

der Bus, das Rad, die Straßenbahn ...

Grammatik

Präpositionen *in, neben, unter, auf, vor, hinter, an, zwischen, bei* + Dativ

Die Bücher sind **im Regal**. / Der Schrank steht **neben einer Tür**.
Der Computer steht **unter dem Schreibtisch**. / Die Tasche steht **auf einem Stuhl**.
Der Kuli liegt **vor der Tasse**. / Die Brille liegt **hinter der Vase**.
Das Foto ist **an der Wand**. / Die Zeitung liegt **zwischen den Büchern**.
Sie arbeitet **bei der Zeitung**.

Ordnungszahlen

der **erste** Eingang / das **zweite** Büro / die **dritte** Tür
der vierundzwanzigste Zwölfte (24. 12.) / **am** vierundzwanzigst**en** Zwölften

Aussprache

Konsonanten *f, v, w*

zu Fuß, der Verlag, die Werbung, das Video ...

Laut lesen und lernen

78

Arbeitest du bei der Zeitung?
Gehst du zu Fuß oder fährst du mit dem Bus?
Geht es bei Ihnen auch am Mittwoch?

■ Können Sie auch am 17.8.?
◆ Tut mir leid, da hab' ich schon
einen Termin.

Grammatik auf einen Blick – *studio d A1*

Einheiten 1–6

Sätze

1 W-Fragen

2 Satzfragen

3 Aussagesatz

4 Der Satzrahmen

5 Zeitangaben im Satz

6 Adjektive im Satz nach Nomen

7 *Es* im Satz

8 Wörter verbinden Sätze
1 Pronomen
2 Artikel
3 *dort* und *da*
4 *das*

Wörter

9 Nomen mit Artikel
1 Bestimmter Artikel: *der, das, die*
2 Unbestimmter Artikel: *ein, eine*
3 Verneinung: *kein, keine*
4 Bestimmter, unbestimmter Artikel und Verneinung im Akkusativ
5 Possessivartikel im Nominativ

10 Nomen im Plural

11 Wortbildung: Komposita

11 Präpositionen: *am, um, bis, von ... bis* + Zeit

13 Präpositionen: *in, neben, unter, auf, vor, hinter, an, zwischen, bei* + Ort (Dativ)

14 Präposition: *mit* + Dativ

15 Fragewörter

16 Verben
1 Verben: Stamm und Endungen
2 Hilfsverben *sein* und *haben*

17 Verben: Verneinung mit *nicht*

Ausblick auf die Einheiten 7–12 (Teilband 2)

Sätze

18 Zeitangaben im Satz

19 Angaben im Satz – wie oft?:
jeden Tag, manchmal, nie

20 Der Satzrahmen
1 Das Perfekt im Satz
2 Modalverben im Satz:
wollen, müssen, dürfen, können

21 *Es* im Satz

22 Wörter verbinden Sätze:
zuerst, dann, danach, und

Wörter

23 Artikelwörter im Akkusativ:
Possessivartikel und *(k)ein-*

24 Demonstrativa: *dies-*

25 Personalpronomen im Akkusativ

26 Wortbildung:
1 Nomen + *-in (Lehrerin)*
2 Nomen + *-ung (Zeitung)*

27 Adjektive – Komparation:
gut, gern, viel

28 Adjektive im Akkusativ – unbestimmter Artikel:
einen roten Mantel

29 Präpositionen:
in, durch, über + Akkusativ

30 Präpositionen:
zu, an ... vorbei + Dativ

31 Modalverben:
müssen, wollen, können, möchten, mögen

32 Imperativ

33 Perfekt: regelmäßige und unregelmäßige Verben
1 Partizip der regelmäßigen Verben
2 Partizip der unregelmäßigen Verben

Grammatik

112

einhundertzwölf

1 W-Fragen
E 3, 5

	Position 2		
Woher	(kommen)	Sie?	Aus Italien.
Was	(trinken)	Sie?	Kaffee bitte.
Wie	(heißt)	du?	Claudio.
Wie viel Uhr	(ist)	es?	Halb zwei.
Wann	(kommst)	du?	Um drei.
Wer	(spricht)	Russisch?	Ich.

Woher kommen Sie?

2 Satzfragen
E 3

	Position 2	
(Kommen)	Sie	aus Italien?
(Trinken)	Sie	Kaffee?
(Warst)	du	schon mal in München?
(Können)	Sie	das bitte wiederholen?

Kommen Sie aus Italien?

3 Aussagesatz
E 3

	Position 2	
Ich	(spreche)	Portugiesisch.
Hildesheim	(liegt)	bei Hannover.
Marion	(ist)	Deutschlehrerin.

4 Der Satzrahmen
E 5

		Position 2		Satzende
Aussagesatz	Ich	(rufe)	dich am Samstag	(an).
	Ich	(stehe)	am Sonntag um elf	(auf).
	Ich	(gehe)	um zehn	(schlafen).
	Ich	(kann)	auf Deutsch	(buchstabieren).
W-Frage	Wann	(stehst)	du am Sonntag	(auf)?
	Wann	(gehst)	du	(schlafen)?
	Was	(möchten)	Sie	(trinken)?
Satzfrage	(Rufst)	du	mich am Samstag	(an)?
	(Können)	Sie	das bitte	(buchstabieren)?

5 Zeitangaben im Satz

E 5

	Position 2	
■ Wir	gehen	**am Sonntag** ins Kino. Kommst du mit?
◆ **Am Sonntag**	kommt	meine Mutter. Das geht nicht.
■ Gehen	wir	**am Samstag** ins Museum?
◆ Ja, **am Samstag**	geht	es.

6 Adjektive im Satz nach Nomen

E 4

Meine Wohnung ist **klein**.

Ich finde meine Wohnung **schön**.

7 *Es* im Satz

Wie spät ist es?

Es ist 5 Uhr.

Wie geht's?

Danke, es geht.

8 Wörter verbinden Sätze

E 2 **1 Pronomen**

Das ist Frau Schiller. Sie ist Deutschlehrerin.

2 Artikel

Wo ist mein Deutschbuch?   **Das** ist dort drüben!

Kennst du Frau Schiller?   Ja, **die** kenne ich, die ist Deutschlehrerin.

E 3 **3 *dort* und *da***

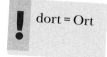

! dort = Ort

Warst du schon mal in Meran? **Dort** spricht man Italienisch und Deutsch.

■ Gehen wir am Montag ins Kino.   ◆ Tut mir leid, **da** kann ich nicht.   **Zeit**

■ Warst du schon mal in Meran?   ◆ Nein, **da** war ich noch nicht.   **Ort**

E 2,5 **4 *das***

■ Cola, Wasser , Cappuccino. **Das** macht 8 Euro 90.

? ◆ **Das** verstehe ich nicht. Können Sie **das** wiederholen?

■ Kommst du am Freitag?   ◆ Freitag? Ja, **das** geht.

9 Nomen mit Artikel: *der, das, die, ein, eine, kein, keine*

E 2 **1 Bestimmter Artikel:** *der, das, die*

     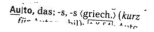

der Computer   *das* Haus   *die* Tasche
maskulin   neutrum   feminin

E 2 **2 Unbestimmter Artikel:** *ein, eine*

ein Computer   *ein* Haus   *eine* Tasche
maskulin   neutrum   feminin

E 2 **3 Verneinung:** *kein, keine*

Das ist ein Computer.   Das ist *kein* Computer, das ist ein Monitor.

Singular   Plural

der Computer	*das* Haus	*die* Tasche	*die*	Computer, Häuser, Taschen
ein Computer	*ein* Haus	*eine* Tasche	–	Computer, Häuser, Taschen
kein Computer	*kein* Haus	*keine* Tasche	*keine*	Computer, Häuser, Taschen

E 4 **4 Bestimmter/unbestimmter Artikel und Verneinung im Akkusativ**

Nominativ   Akkusativ

	der/(k)ein Flur.		**den** Flur	
Das ist	*das/(k)ein* Bad.	Ich finde	*das* Bad	zu klein.
	die/(k)eine Toilette.		*die* Toilette	

	(k)einen Flur.
Ich habe	*(k)ein* Bad.
	(k)eine Toilette.

5 Possessivartikel im Nominativ

Das ist mein Computer!

	Singular		Plural
Personal- pronomen	*der* Balkon / *das* Bad	*die* Wohnung	*die* Balkone/Bäder/ Wohnungen
ich	mein		meine
du	dein		deine
er, es, sie	sein, sein, ihr		seine, seine, ihre
wir	unser		unsere
ihr	euer		eure
sie/Sie	ihr/Ihr		ihre /Ihre

10 Nomen im Plural

E 2

–	~s	~n	~e
der Computer die Computer	das Foto die Fotos	die Tafel die Tafeln	der Kurs die Kurse
der Lehrer die Lehrer	das Handy die Handys	die Regel die Regeln	das Heft die Hefte
der Rekorder die Rekorder	der Kuli die Kulis	die Lampe die Lampen	der Tisch die Tische

~(n)en	~(ä/ö/ü)~e	~(ä/ö/ü)~er
die Zahl die Zahlen	der Stuhl die Stühle	das Haus die Häuser
die Lehrerin die Lehrerinnen	der Schwamm die Schwämme	das Buch die Bücher
die Tür die Türen	der Ton die Töne	das Wort die Wörter

 Lerntipp

Nomen zusammen
mit Pluralformen
lernen

Regel Der bestimmte Artikel im Plural ist immer **die**.

11 Wortbildung: Komposita

E 2

das	Büro	der	Stuhl
der	Flur	die	Lampe
der	Schreibtisch		

Bestimmungswort Grundwort
↓   ↓

der Büro-stuhl
die Büro-lampe
die Flur-lampe
die Schreibtisch-lampe

Regel Der Artikel von Komposita ist der Artikel des Grundwortes.
Das Grundwort steht am Ende.

12 Präpositionen: *am, um, bis, von ... bis* + Zeit

E 5

am	**Am** Montag gehe ich in den Kurs.	Zeitpunkt	am + Tag
um	Der Kurs beginnt **um** neun Uhr.	↓	um + Uhrzeit

von ... bis	Der Kurs dauert	**von** 19 **bis** 21 Uhr.	Zeitraum
		von Montag **bis** Freitag.	↔
		bis Sonntag.	

13 Präpositionen: *in, neben, unter, auf, vor, hinter, an, zwischen, bei* + Ort (Dativ)

E 6

Wo ist mein Autoschlüssel?

Der Autoschlüssel hängt an der Wand. | ... liegt auf der Kommode. | ... liegt unter der Zeitung. | ... liegt im Regal neben den Büchern.

Singular

		der Schreibtisch	*das* Regal	*die* Kommode
Der Schlüssel ist	in neben unter auf vor hinter	**dem** Schreibtisch	**dem** Regal	**der** Kommode.
Der Schlüssel hängt	an			**der** Wand.

Plural

Der Stuhl steht	zwischen bei	**den** Schreibtischen / **den** Regalen / **den** Kommoden.

in dem = **im**
an dem = **am**
bei dem = **beim**

Regel der/das → **dem**   die → **der**   die (Plural) → **den**

14 Präposition: *mit* + Dativ

der Bus	**mit dem** Bus zur Arbeit.
das Auto	Ich fahre **mit dem** Auto zur Arbeit.
die Straßenbahn	**mit der** Straßenbahn zur Arbeit.

15 Fragewörter

wo?	▪ Wo warst du gestern?	◆ In Hamburg.
	▪ Aarau? Wo liegt denn das?	◆ In der Schweiz.
woher?	▪ Woher kommen Sie?	◆ Aus Polen. / Aus der Türkei.
was?	▪ Was heißt das auf deutsch?	◆ Radiergummi.
	▪ Was möchten Sie trinken?	◆ Kaffee, bitte.
wer?	▪ Wer ist denn das?	◆ Das ist John.
wie?	▪ Wie heißt du?	◆ Ich heiße Ana.
	▪ Wie viel Uhr ist es?	◆ Es ist halb neun.
wann?	▪ Wann kommst du nach Hause?	◆ Um vier.

16 Verben

1 Verben: Stamm und Endungen

	kommen	wohnen	heißen	trinken	können	möchten	mögen
ich	komme	wohne	heiße	trinke	**kann**	möchte	**mag**
du	kommst	wohnst	heißt	trinkt	**kannst**	möchtest	**magst**
er/es/sie	kommt	wohnt	heißt	trinkt	**kann**	möchte	**mag**
wir	kommen	wohnen	heißen	trinken	können	möchten	mögen
ihr	kommt	wohnt	heißt	trinkt	könnt	möchtet	mögt
sie / Sie	kommen	wohnen	heißen	trinken	können	möchten	mögen

2 Hilfsverben *sein* und *haben*

		Präsens	Präteritum	Präsens	Präteritum
Singular	ich	bin	war	habe	hatte
	du	bist	warst	hast	hattest
	er, es, sie	ist	war	hat	hatte
Plural	wir	sind	waren	haben	hatten
	ihr	seid	wart	habt	hattet
	sie /Sie	sind	waren	haben	hatten

17 Verben: Verneinung mit *nicht*

Ich	gehe	am Sonntag	nicht	ins	Theater.
Ich	kann	heute	nicht.		
Am Freitag	kann	ich	nicht.		
Das	geht		nicht.		
Kommst		du	nicht	mit?	

Phonetik auf einen Blick

Die deutschen Vokale

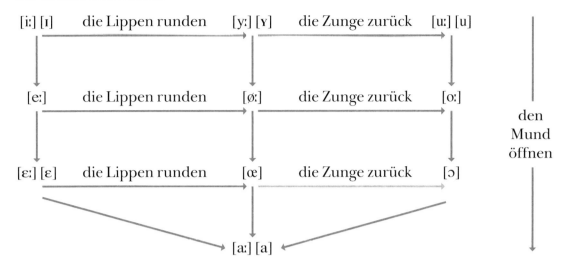

[iː] [ɪ]	die Lippen runden	[yː] [ʏ]	die Zunge zurück	[uː] [u]	
[eː]	die Lippen runden	[øː]	die Zunge zurück	[oː]	den Mund öffnen
[ɛː] [ɛ]	die Lippen runden	[œ]	die Zunge zurück	[ɔ]	

[aː] [a]

Beispiele für lange und kurze Vokale

[aː – a] gebadet – gemacht; [eː – ɛ] geregnet – gezeltet; [iː – ɪ] gespielt – besichtigt

Ich habe eine Radtour gemacht. Du hast dich an der Ostsee erholt. Er hat am Meer gezeltet.
Wir haben Ulm besucht. Sie haben Wien besichtigt.

Das lange [eː]

[eː]: nehmen, geben, leben, wenig, der Tee, der See

Die Endungen -e, -en, -el, -er

Ich habe heute keine Sahnetorte. Am liebsten möchten wir einen Kuchen essen.
Äpfel und Kartoffeln sind Lebensmittel. Eier esse ich lieber, aber Eier sind teuer.

Beispiele für nicht-runde und runde Vokale

[iː – yː]   vier – für, spielen – spülen, das Tier – die Tür, Kiel – kühl

[ɪ – ʏ]   die Kiste – die Küste, das Kissen – küssen, die Brillen – brüllen

[eː – øː]   lesen – lösen, er – das Öhr, die Meere – die Möhre

[ɛ – œ]   kennen – können, der Wärter – die Wörter

Beispiele für Umlaut oder nicht Umlaut

[yː – uː]   die Brüder – der Bruder, spülen – spulen

[ʏ – ʊ]   drücken – drucken, nützen – nutzen

[øː – oː]   schön – schon, die Größe – große, die Höhe – hohe

Drei lange Vokale nebeneinander

[iː – yː – uː] die Ziege – die Züge – im Zuge, das Tier – die Tür – die Tour,
                vier – für – ich fuhr, spielen – spülen – spulen

Schreibung und Aussprache [p, b, t, d, k, g]

[p] kann man schreiben:	p wie in *das Papier* pp wie in *die Suppe* -b am Wort- oder Silbenende wie in *halb vier*
[b] kann man schreiben:	b wie in *ein bisschen*
[t] kann man schreiben:	t wie in *die Tasse* tt wie in *das Bett* th wie in *das Theater* -dt wie in *die Stadt* -d am Wort- oder Silbenende wie in *das Geld*
[d] kann man schreiben:	d wie in *das Datum*
[k] kann man schreiben:	k wie in *können* ck wie in *der Zucker* -g am Wort- oder Silbenende wie in *der Tag*
[g] kann man schreiben:	g wie in *gern*

Schreibung und Aussprache [f] **und** [v]

[f] kann man schreiben:	f wie in *fahren* ff wie in *der Löffel* v wie in *der Vater* ph wie in *die Phonetik*
[v] kann man schreiben:	w wie in *wer* v wie in *die Universität*

Schreibung und Aussprache der Nasale [n, ŋ]

[n] kann man schreiben:	n wie in *nein* nn wie in *können*
[ŋ] kann man schreiben:	ng wie in *der Junge* n(k) wie in *die Bank*

Aussprache des Konsonanten r

[r] muss man sprechen:	[r] wie in *richtig* für r am Silbenanfang [ɐ̯] wie in *der Berg* für r am Silbenende (+ Konsonant/en) [ɐ] wie in *besser* für -er am Silbenende

Alphabetische Wörterliste

Die alphabetische Wörterliste enthält den Wortschatz von Start bis Einheit 6 des Kursbuchs. Zahlen, grammatische Begriffe sowie Namen von Personen, Städten und Ländern sind in der Liste nicht enthalten.

Wörter, die nicht zum Zertifikatswortschatz gehören, sind *kursiv* gedruckt. Sie müssen Sie nicht unbedingt lernen.

Die Zahlen geben an, wo die Wörter zum ersten Mal vorkommen (z. B. 3/1.3 bedeutet Einheit 3, Block 1, Übung 3 oder ü 6/1 bedeutet Übungen zur Einheit 6, Übung 1).

Ein • oder ein – unter dem Wort zeigt den Wortakzent:
ạ = kurzer Vokal
a̲ = langer Vokal

Nach den Nomen finden Sie immer den Artikel und die Pluralform:

"	= Umlaut im Plural
*	= es gibt dieses Wort nur im Singular
,	= es gibt auch keinen Artikel
Pl.	= es gibt dieses Wort nur im Plural

Abkürzungen:

Abk.	= Abkürzung
Kurzf.	= Kurzform
etw.	= etwas
jdn	= jemanden
jdm	= jemandem
Akk.	= Akkusativ
Dat.	= Dativ

A

Abend, der, -e 5/4.1
Abendessen, das, - 5/1.2
abends 5/2.1
aber 4/1.2
Abkürzung, die, -en Start 3.4
ablehnen 5/5.1b
absagen 5/6.4b
Abteilung, die, -en 6/2.5
Ach! 3/2.1
ach so 5/2.3
achten auf (+ *Akk.*) 3/1.5
Aha! 3/1.3
Ahnung, die, -en 2/1
Airbus, der, -se Start 1.1
Airport, der, -s Start 1.1
akademisch 3/5.1
Akzent, der, -e 1/2.7
Aldi 6/1
*Alkoholfreies, *,** 1/4.3
alle 1/3.6
*Allgemeinmedizin, die, ** 5/2.5
Alphabet, das, -e Start
also 1/1.1d
alt, älter, am ältesten Start 4.1
Altbauwohnung, die, -en 4/1
Amt, das, "-er 5/2.6
an Start 4.1
anderer, anderes, andere Start
Anfang (am), der, "-e Stat. 1/1.3
anfangen 5/6.3
angeben 3
ankreuzen 1/3.5
Anruf, der, -e 5/3.2b
Anrufbeantworter, der, - 5/2.5
anrufen 5
anschreiben 2/1
ansehen 2/4.1
Antwort, die, -en Start 2.2
antworten 2/6.1
AOK (Allgemeine Ortskrankenkasse) 5/3.1b
Arbeit, die, -en 2/5.1
arbeiten (als) 1/2.8
Arbeitsanweisung, die, -en 2/6.2

Arbeitszimmer, das, - 4/4.4a
Arme, der/die, -en 4/7.1
Arzt/Ärztin, der/die, "-e/ -nen 1/4.2
Atmosphäre, die, -n Start 4.1
auch Start 2.5
auf Start
auf dem Land 4/1.1
Auf Wiederhören! 5/3.1b
Auf Wiedersehen! 1/4.3
Aufenthaltsgenehmigung, die, -en 5/2.6
Aufgabe, die, -en Start 2.7
aufstehen 5
aus Start 1.4
ausdenken (sich etw.) 2/2.3
ausgehen 5/2.1
Auskunft, die, * ü 1/7
Ausland, das, * Start 4.5
*Auslandsgermanistik, die, ** Stat. 1/4.2
Ausländer, der, - 5/2.6
Ausländeramt, das, "-er 5/2.6
ausprobieren 4/6.1
Ausrede, die, -n 5/5.3
Aussprache, die, -n ü 1
auswählen Start 4.2
Auto, das, -s Start 3.4
Autobahn, die, -en 5/3.2b
Autoschild, das, -er Stat. 1/2.4
Autoschlüssel, der, - 6/3.4

B

Bad (*Kurzf. für* Badezimmer, -), das, "-er 4/2.2b
baden 4/2.1
Badewanne, die, -n 4/6.1
Bahn, die, -en 5/7.2b
Bahnhof, der, "-e 6/1
Balkon, der, -e 4/2.2b
Bank, die, -en Start 4.5
Bar, die, -s ü 3/7
Basis, die, Pl. Basen Start 4.5
bauen 4/5
Bauernhaus, das, "-er 4/1
Baum, der, "-e 2/4.3

bayrisch 3/3.4

be**a**ntworten 5/7.2a

beg**i**nnen 1

*Begr**i**ff, der, -e* Stat.1/3.1

begr**ü**ßen (jdn) Start

*Begr**ü**ßung, die, -en* Start 2.9

b**ei** Start 3.7

b**ei**de 2/6.2

B**ei**spiel, das, -e 3/5.3

*Bek**a**nnte, der/die, -n/-n* Stat. 1/2.1

bek**o**mmen 4/7.1

*ben**e**nnen* 2/1.4

ber**i**chten Start 2.4

Ber**u**f, der, -e 5/3.2

ber**ü**hmt 6/5.1

beschr**ei**ben 3/4.2

bes**o**nders 4

b**e**sser als 5/7.1

best**e**llen 1

best**i**mmte 4/4.3b

Bes**u**ch, der, -e 5/5.1b

bes**u**chen 6/5.1

*Bes**u**cher/in, der/die, -/-nen* 6/5.1

bet**o**nen Start 3.8

*Bet**o**nung, die, -en* 4/5.2

B**e**tt, das, -en 4/8.1

bez**a**hlen 1

*Bibli**o**thek, die, -en* Stat. 1/1.3

B**i**ld, das, -er Start 1.1

*biling**u**al* 3/5.1

b**i**llig 4/2.2b

*B**i**ngo, das, *** 1/3.6

*Biograf**ie**, die, -n* 2/5

*Biolog**ie**, die, *** 2/5.1

b**i**s 1/3.4

Bis d**a**nn! 5/4.2

Bis m**o**rgen! 4/7.1

b**i**tte 1/1.1d

B**i**tte, die, -n 2/6.2

b**i**tten (um etw.) 5/5.1b

Bleistift, der, -e 2/1.4

br**au**chen 4/7.1

br**ei**t 4/7.1

Br**i**lle, die, -n 6/3.4

B**u**ch, das, "-er 2/3.1

Bücherregal, das, -e 4/2.2b

Buchhandlung, die, -en 6/1

*B**u**chmesse, die, -n* 6/5.1

*B**u**chstabe, der, -n* Stat. 1/2.3

buchstab**ie**ren Start

*b**u**mmeln* 6/5.1

B**ü**ro, das, -s Start 1.1

*B**ü**rostuhl, der, "-e* 4/5.2

B**u**s, der, -se 6/1.4

C

ca. (Abk.: circa) Stat. 1/4.3

Café, das, -s Start 4.1

Cafeteria, die, -s (auch Cafeterien) Start 1.1

Cappuccino, der, - 1/4.3

C**D**, die, -s 4/3.3

C**D**-Player, der, - 2/1.4

C**D**-R**O**M, die, -s 6/3.3

*Ch**ao**s, das, *** 4/2.2b

*cha**o**tisch* 4/4.4a

Ch**e**f/in, der/die, s/-nen 6/2. 1

*Chem**ie**, die, *** 2/5.1

Chin**e**sisch, das, * Start 4.1

*C**o**la, die od. das, -s (Kurzf. von Coca-C**o**la)* 1/4.3

Collage, die, -n Start 4.4

Comp**u**ter, der, - Start 1.1

D

d**a** 5/3.1b

dan**e**ben 4/4.4a

*D**ä**nisch, das, *** 3/4.2

d**a**nke 1/4.3

d**a**nn Start 4.1

Das **i**st/s**i**nd ... 1/1.1d

Das m**a**cht ... 1/4.3

d**e**nken 5/7.2b

d**e**nn 3/1.4

der, d**a**s, d**ie** Start 1.2

Deutsch, das, * Start

D**eu**tsche, der/die, -n 5/7.2b

D**eu**tschkurs, der, -e 1/1.1d

D**eu**tschlehrer/in, der/die, -/-nen Start 2.1

Dez**e**mber, der, * ü 6/9

Dialog, der, -e Start 2.1

Dialoggrafik, die, -en 1/4.5

*D**i**chter/in, der/die, -/-nen* 6/5.1

D**ie**nstag, der, -e 5/1.1

*dirig**ie**ren* 6/5.1

D**i**sko, die, -s 5/4.3

d**o**ch 4/7.1

*Dokumentati**o**n, die, -en* Stat. 1/3.5

D**o**nnerstag, der, -e 5/1.1

d**o**rt Start 4.5

dr**a**n sein 1/3.7a

dr**au**ßen bleiben 2/4.4

Dr**u**cker, der, - 6/3.3

d**u** 1/1.1d

d**u**nkel 4/2.2b

d**u**rchstreichen 1/3.6

*Dyn**a**mik, die, *** Start 4.5

E

*E**c**ho, das, -s* 5/2.3

*Eig**e**ntümer, der, -* 4/8.1

ein b**i**sschen Start 4.1

ein, **ei**n, **ei**ne Start 2.7

einf**a**ch 5/6.2

Einfamilienhaus, das, "-er 4/1

eink**au**fen 5/6.3

einl**a**den 6/5.1

Einstellen, das 4/8.1

*eintr**a**gen* 6/2.7

Einwohner/in, der/die, -/-nen Start 4.5

Einwohnermeldeamt, das, "-er 5/2.6

Eis, das, * 2/4.4

Eistee, der, -s 1/1.1d

Elektronikingenieur/in, der/die, -e/-nen Start 4.1

E-Mail, die, -s 4/7.1

Empf**a**ng, der, * 6/2.1

Ende, das, -n 5/2.4

Englisch, das, * Start 4.1

Ensemble, das, -s Start 4.1

entsch**u**ldigen (sich für etw.) 5

Entsch**u**ldigung! 1/1.1d

Erdgeschoss, das, -e 6/2

erg**ä**nzen Start 2.7

erkl**ä**ren 2/6.2

erst 5/7.2b

erz**ä**hlen 5/2.3

es 5/1.1

Espresso, der, -s (auch Espressi) Start 1.1

essen 4/2.1

Esstisch, der, -e 4/5.1b

Esszimmer, das, - 4/8.1

Et**a**ge, die, -n 6/2

etwas 1

etwas (= ein bisschen) 3/4.5

Euro, der, -[s] Start 1.1

Europa 3/1

Europäer/in, der/die,
-/-nen 5/7.2b

Export, der, -e Stat. 1/4.1

F

fahren 3/5.1

Fahrplan, der, "-e 5/7.2b

Fahrrad, das, "-er 2/4.4

Familie, die, -n Start 4.1

Familienname, der, -n
Start 3.7

Fanta, die, * 1/4.3

fantastisch Start 4.1

Farbe, die, -n 2/2.3

fast 5/7.2b

Favorit, der, -en Start 3.11

Faxnummer, die, -n ü 1/7

Fehler, der, - 1/3.7a

Feiertag, der, -e ü 6/10

Feld, das, -er 6/2.7

Fenster, das, - 2/4.3

Fernseher, der, - 2/1.4

fertig 1/3.7a

fest Stat. 1/1.1b

Fest, das, -e ü 5/10

Feuerwehr, die, -en 1/4.2

Film, der, -e 2/2.3

finden (1) (etw. gut finden)
Start 4.1

finden (2) 1/4.2

Finnisch, das, * 3/4.2

Flair, das, * Start 4.5

Flämisch, das * ü 3/11

fliegen Start 4.1

Flur, der, -e 4/2.2b

Form, die, -en 2/3.1

formal Stat. 1/2.1

Foto, das, s 1/1.1a

Frage, die, -n Start 2.2

fragen Start 2.4

fragen nach (+ Dat.) Start

Französisch, das, * Start 4.1

Frau, die, -en Start 2.1

frei 1/1.1d

frei haben 5/5.1b

Freitag, der, -e 5/1.1

fremd Stat. 1/1.1b

Fremdsprache, die , -n, 3/4.2

Freund/in, der/die,
-e/-nen Start 4.1

Frisör/in, der/die, -e/-nen
5/5.1b

Frühstück, das, * 5/1.2

frühstücken 5/2.1

Füller, der, - 2/1.4

funktionieren 4/7.1

für Start 4.1

Fuß, der, "-e ü 4/9

Fußball, der, "-e 2/4.4

G

ganzer, ganzes, ganze 6/5.1

gar kein Stat. 1/3.1

Garten, der, " 4/1.1

geben (es gibt ...) Start 4.5

geboren (sein) 6/4.4

Geburtstag, der, -e 6/4.3

Geburtstagskalender, der, -
6/4.4

Gegenstand, der, "-e 2/1.4

Gegenteil, das, -e 4/4.2

gehen (1) 5/2.1

gehen (2) (das geht [nicht])
5/4.1

gehören (zu + Dat.) Start 4.1

gemeinsam 1/4.6

genauso 5/7.2b

Geografie, die, * Start 4.4

geografisch 3

gern, lieber, am liebsten
3/2.1

Geschäft, das, -e 6/5.1

Geschichte, die, -n 2/2.3

Gespräch, das, -e 1

gestern 3/2.4b

Getränk, das, -e 1/2.1

getrennt 1/4.3

Gewandhaus, das, "-er 6/5.1

Gewinner/in, der/die, -/-nen
1/3.6

Gitarre, die, -n 2/5.1

glauben 5/7.2b

gleich 1/4.6

global Start 4.5

Glück, das, * 4/7.1

Grafik, die, -en 3/4.2

Grenze, die, -n 3/5.1

Griechisch, das, * 3/4.2

groß, größer, am größten
4/1.1

Großstadt, die, "-e 6/5.1

gründen Stat. 1/4.3

Grundwort, das, "-er 4/5.1c

Gruppe, die, -n Start 3.2

Grüß dich! 1/1.1d

Gruß, der, "-e 3/1

gut, besser, am besten
2/5.1

Gute Fahrt! 5/3.2b

Guten Tag! Start 2.1

Gymnasium, das, *Pl.:*
Gymnasien 3/5.1

H

haben, hatte Start 4.1

Hafen, der, "- Stat. 1/4.1

halb (eins) 5/1.2

halbe, halbe, halbe 6/1

Hallo! Start 2.1

Handel, der, * 6/5.1

Handtasche, die, -n 6/3.4

Handy, das, -s 2/1.4

hängen 6/3.2

hässlich 4/4.2

hätte gern 5/3.1b

Hauptbahnhof, der, "-e 6/1

Hauptstadt, die, "-e 3/3.4

Haus, das, "-er 2/2.1

Hausaufgabe, die, -n 2/6.2

Heft, das, -e 2/1.2

Heimat, die, * Start 4.5

heiß 6/3.5

heißen Start 1.2

helfen 1/2.2

hell 4/1.1

Herd, der, -e 4/6.1

Herkunft, die, "-e Start

Herr, der, -en Start 2.1

heute Start 4.1

Hi! 1/1.1d

hier Start

Hilfe, die, -n 4/7.1

hinter 6

Hobby, das, -s Start 4.1

Hochhaus, das, "-er 4/1

hören Start 1

Hörspiel Stat. 1/3.5

Hotel, das, -s 6/1.1

Hund, der, -e 2/4.4

I

ich Start 2.1

im Start 2

immer 2/2.3

Import, der, -e Stat. 1/4.1

in Start 1.2

Industrie, die, -n Stat. 1/4.1

Information, die, -en 3/3.4

interessant 2/5.1

interkulturell Start 4.1

international Start

*Internationalität, die, ** Start 4.5

Internet, das, * 1/4.2

Italienisch, das, * 3/2.2

J

ja 1/1.1d

Jahr, das, -e Start 4.1

Japaner/in, der/die, -/-nen Ü 4/12

jeder, jedes, jede 3/5.1

jemand Start

jetzt Start 2.5

Job, der, -s Start 4.1

joggen Ü 5/14

Junge, der, -n Start 3.8

K

Kaffee, der, -s Start 1.1

Kalender, der, - 6/3

kalt, kälter, am kältesten 6/3.5

Kantine, die, -n 6/2. 1

Kantor, der, -en 6/5.1

kaputt 5/5.3

Karaoke, das, -s Ü 1/13

Karfreitag, der, -e Ü 6/10

Karte, die, -n 3/1.1

Kasten, der, "- 1/2.1

kein, kein, keine 2

Keine Ahnung! 2/1

kennen Start 1.3

kennen lernen (jdn/etw.) 1

Kind, das, -er 2/5.1

Kinderzimmer, das, - 4/4.4a

Kino, das, -s 5/4.1

Kinobesuch, der, -e 5/5.1b

Kinofilm, der, -e 6/5.2b

Kirche, die, -n 6/5.1

klar 1/1.1d

Klasse, die, -n Ü 5/10

klein 4/1.1

kochen 4/2.1

Koffer, der, - 2/4.4

kommen Start 1.4

kommentieren 4/4.4a

Kommode, die, -n 4/5.3

Kommunikation, die, * Start 4.1

kompliziert 5/2.6

Komponist/in, der/die, -en/-nen 6/5.1

Konferenzraum, der, "-e 6/2. 1

Konjugation, die, -en 5/6.2

können 2/1

Kontakt, der, -e 3/5

kontrollieren 1/3.4

Konversation, die, -en 3/4.5

Konzert, das, -e Start 4.1

Kooperation, die, -en 3/5.1

kooperieren 3/5.1

Kopf, der, "-e 2/2.3

kosten 4/1.1

Krankenhaus, das, "-er Ü 6/1

Krankenkasse, die, -n 5/3.1b

Kreide, die, -n 2/1.4

Küche, die, -n 4/2.1

Küchenduell, das, -e Stat. 1/3.5

Küchenschrank, der, "-e 4/5.1b

Küchentisch, der, -e 4/5.1a

Kühlschrank, der, "-e 4/6.1

Kuli, der, -s (*Kurzf. von* Kugelschreiber) 2/1.2

Kultur, die, -en 2/5.1

kulturell 3/5.1

Kurs, der, -e Start 1.1

Kursbuch, das, "- er 2

Kursleiter/in, der/die, -/-nen 2/6.2

Kursraum, der, "-e 2/1.7

Kursteilnehmer/in, der/die, -/-nen 2/4.5b

kurz nach 5/1.2

kurz vor 5/1.2

kurz, kürzer, am kürzesten 4/4.2

L

Lage, die, -n 3

Lampe, die, -n 2/1.4

Land, das, "-er 1/4.6

Ländername, der, -n 3/1.5

*Landeskunde, die, ** 1/4.6

Landkarte, die, -n 3/2.5

lang, länger, am längsten 4/2.2b

langsam 2/6.2

Lärmen, das 4/8.1

laut 1/3.7a

leben Start 4.1

Lehrbuch, das, "-er Stat. 1/1.1a

Lehrer/in, der/die, -/-nen Start 2.1

leid tun (etw. jdm) 5/1.1

leise 4/4.2

lernen Start

Lernkartei, die, -en 4/6.1

Lernplakat, das, -e 2/1.4

lesen Start 2.5

*Letzeburgisch, das, ** Ü 3/11

Leute, *Pl.* 1/1.1a

Lieber/Liebe (*Anrede im Brief*) 4/7.1

lieben 2/5.1

liegen (1) (das liegt im Südosten von) 3/2.5

liegen (2) 6/3.2

links 4/2.2a

Liste, die, -n 2/2.2

Losnummer, die, -n 1/3.5

Lottozahlen, Pl. 1/3.5

Lösungswort, das, -er Ü 4/10

Löwe, der, -n 2/2.3

lyrisch 5/6.2

M

m² (= Quadratmeter) 4/1.1

machen Start 4.3

Mädchen, das, - Start 3.8

Mai, der, * 6/4.3

mal 3/2.1

man 3/1.4

manchmal 5/7.2b

Mann, der, "-er 2/4.2

*Marketing, das, ** 6/2. 1

markieren 1/2.7

Marktplatz, der, "-e Start 4.5

Märchen, das, - Stat. 1/3.5

März, der, * 6/5.1

Material, das, Pl.: Materialien Stat. 1/1.1a

Maus, die, "-e (Computer) 6/3.3

Medizin, die, -en ü 6/1

Medizintechnologie, die, -n Start 4.1

mehr (als) 3/5.1

mehrere, *Pl.* 4/5.3

Mehrsprachigkeit, die, * 3/4.6

mein, mein, meine Start 2.1

meisten, *Pl.* 3/1.5

meistens 5/7.2b

melden 5/2.6

Melodie, die, -n 3/2.3

Mensch, der, -en Start 4.1

Messe, die, -n 6/5.1

Mietvertrag, der, "-e 5/2.6

Milchkaffee, der, - 1/4.3

Million, die, -en 1/4.6

Millionenstadt, die, "-e Stat. 1/4.1

Mineralwasser, das, - 1/4.3

Minimetropole, die, -n Start 4.5

Minute, die, -n Start 4.1

mit Start 2.9

mitkommen 5/6.4a

mitlesen 1/1.1b

mitmachen Start 3.1

mitschreiben 1/3.7b

Mittag, der, -e 5/5.1b

Mittagessen, das, - 5/1.2

Mittagspause, die, -n 5/2.1

Mitternacht, die, * 5/1.2

Mittwoch, der, -e 5/1.1

Möbel, das, - 4/5.1b

Möbelstück, das, -e Stat. 1/3.3

möchten (mögen) 4/2.3

modern 4/4.4a

mögen Start 4.1

Möglichkeit, die, -en 4/5.3

Moment, der, -e (im Moment) 2/5.1

Monitor, der, -e 6/3.3

Montag, der, -e 5/1.1

morgen 4/7.1

Morgen, der, - 5/5.1b

morgens 5/1.2

Münze, die, -n 1/4.6

Museum, das, *Pl.:* Museen Start 4.5

Musik, die, -en Start 1.1

Musiker/in, der/die, -/-nen Start 4.1

Musikfan, der, -s 6/5.1

müssen 2/4.4

Muttersprache ≠ Fremdsprache, **die, -n** 3/4.2

N

nach Start 4.1

nach Vereinbarung 5/5.1b

Nachbar, der, -n 3/4.1

Nachbarland, das, "-er ü 3/11

Nachbarregion, die, -en 3/5.1

nachfragen 2

nachsprechen Start 2.2

nächster, nächstes, nächste 5/3.1b

nachts 5/1.2

Name, der, -n Start

national 1/4.6

neben 6

nehmen 1/1.1d

nein 2/4.4

nennen 3/5.3

neu 4/4.2

neutral Stat. 1/2.1

nicht 2/1

Niederländisch, das, * 3/4.2

noch 1/1.1d

noch einmal Start 3.9

Norden, der, * 3/2.5

nördlich von 3/2.5

normal Stat. 1/3.4

notieren Start 2.4

Null, die, -en 5/1.2

nur 3/3.3

O

oben 4/2.2b

oder 1/1.1d

offiziell 1/4.6

Öffnungszeit, die, -en 5/2.6

oft 5/7.1

okay 3/2.1

ökonomisch 3/5.1

online 6/2. 1

Oper, die, -n Start 1.1

Orangensaft, der, "-e 1/1.1d

Orchester, das, - Start 1.1

ordnen Start 3.8

Ordnungszahl, die, -en 6

Orientierung, die, -en 3/2.5

Ort, der, -e 3/5.1

Osten, der, * 3/2.5

Ostermontag, der, -e ü 6/10

Overheadprojektor, der, -en 2/1.4

P

Paar, das, -e ü 2/9

packen 4/7.1

Panne, die, -n 5/6.2

Papier, das, *, (-e) 2/1.4

Park, der, -s 5/4.3

Parkplatz, der, "-e 6/2.6

Partner/in, der/die, -/nen Start 2.4

Partnerinterview, das, -s Start 2.4

Party, die, -s 5/7.2a

passen (zu + *Dat.*) Start 4.1

passen 4/2.2d

Passfoto, das, -s 5/2.6

passieren 3/5.1

Pause, die, -n 2/6.2

Person, die, -en Start 2.7

Personalabteilung, die, -en 6/2.6

Personalangabe, die, -n Start 2.7

Personenraten, das, * 3/3.3

Pfingstmontag, der, -e ü 6/10

Pilot/in, der/die, -en/-nen Start 4.1

Plan, der, "-e 5/7.1

Platz, der, "-e 4/2.2b

Polizei, die, * 1/4.2

Polnisch, das, * Start 4.1

populär Stat. 1/2.1

Portugiesisch, das, * 3/4.2

Position, die, -en 3/3.2a

Postkarte, die, -n 3/1.4

Postleitzahl, die, -en 4/7.1

Praxis, die, *Pl.:* Praxen 5/3.1b

Preis, der, -e 1/4.3

pro 4/7.1

Problem, das, -e 4/7.1

Projekt, das, -e 3/5.1

Prozẹnt, das, -e Start 4.5
pünktlich ≠ ụnpünktlich
5/7.2a
Pünktlichkeit, die, * 5/7

Q

qm (= Quadrạtmeter, der, -)
4/2.2b
Quiz, das, - 1/4.7

R

Rad, das, "-er 2/4.4
Radiergummi, der, -s 2/1
Radio, das, -s ü 2/8
Radioprogramm, das, -e
Stat. 1/3.4
Rap, der, -s Start 3.1
raten 1/4.7
Rạthaus, das, "-er Stat. 1/4.3
Raum, der, "-e 4/2.2b
Realschule, die, -n ü 3/12
Rẹchnung, die, -en 1/4
rẹchts 4/2.2a
Redakteur/in, der/die, -e/-nen
6/2. 1
Redaktion, die, -en 6/2. 1
Redemittel, das, - Start 2.9
Redemittelkasten, der, "-
Start 2.9
Regal, das, -e 4/2.2b
Regel, die, -n 3/3.2b
Region, die, -en 3/5.1
regional Stat. 1/2.1
Reihenfolge, die, -n ü 2/3
Restaurant, das, -s Start 4.1
rịchtig 2/3.3
Rịchtige (im Lotto), Pl. 1/3.5
Rọllenspiel, das, -e 5/5
Rücken, der, - 4/7.1
Rückenschmerzen, *Pl.* 4/7.1
ruhig 4/1.1
Rụssisch, das, * Start 4.1

S

Sạche, die, -n 4
sagen 1/3.7b
sạmmeln 1/1.1a
Sạmstag, der,-e 5/1.1
Sạtz, der, "-e 4/6.1

Sạtzakzent, der, -e 3
Sạtzfrage, die, -n 3
S-Bahn, die, -en ü 6/1
Schale, die, -n 1/4.3
Schạtten, der, - 5/2.3
Schein, der, -e (Euro-) 1/4.6
schlafen 4/2.1
Schlafzimmer, das, - 4/5.3
schnẹll Start 4.1
schon 3/2.1
schön 4/2.2b
Schrạnk, der, "-e 4/5.1b
schreiben 2/2.1
Schreibtisch, der, -e 4/5.1b
Schreibtischlampe, die, -n
4/5.1a
Schule, die, -n Start 1.1
Schüler/in, der/die, -/-nen
3/5.1
Schwạmm, der, "-e 2/1.4
Schwedisch, das, * 3/4.2
schwer 4/7.1
schwịmmen 5/4.1
sehen Start 1
Sehenswürdigkeit, die, -en 3
sehr ü 3/8
sein, war 1/1.1d
sein, sein, seine Start 4.1
seit Start 4.1
Seite, die, -n 2/2.2
Sekretariat, das, -e 6/2.6
Sekretärin, die, -nen 2/5.1
sẹlbst 2/4.5a
Sẹlbsttest, der, -s 1/2.9
Semẹster, das, - Start 4.1
Seminar, das, -e Stat. 1/1.3
Sẹssel, der, - 4/5.3
signalisieren 2/1.2
Sịlbe, die, -n Start 3.8
Sinfonie, die, -n 6/5.1
Skaterparadies, das, -e
Start 4.5
Ski fahren Start 4.1
Skyline, die, -s Start 4.5
Slowạkisch, das, * 3/4.3
so 3/1.4
so gegen 5/3.2b
Sofa, das, -s 4/5.3
Sọmmer, der, - Start 4.1
Sọnntag, der, -e 5/1.1
sortieren Start 4.3
Soziologie, die, * Stat. 1/4.2

Spanisch, das, * Start 4.1
spät 5/1.4
Speise, die, -n 1/4.3
Spezialität, die, -en Start 4.1
speziẹll 5/2.6
Spiegel, der, - 4/6.1
Spiel, das, -e Start 3.6
spielen (1) Start 4.1
spielen (2) 1/3.6
Spielplatz, der, "-e 4/8.1
Sport, der, (-arten) 2/5.1
Sportstudio, das, -s Stat. 1/4.5
Sprache, die, -n Start 1.2
Sprachinstitut, das, -e
Stat. 1/1.1b
Sprachkurs, der, -e 6/1.4
Sprachschatten, der, - 5/2.3
Sprachschule, die, -n 1/2.8
sprẹchen (über etw.) 1/1.1a
sprẹchen Start 4.1
Sprẹcher/in, der/die, -/-nen
Start 1.4
Sprẹchstunde, die, -n 5/2.5
Sprẹchzeit, die, -en 5/2.5
Stạdt, die, "-e Start 3.3
Städtediktat, das, -e Start 3.3
Städtename, der, -n Start 3.3
Städteraten, das 3/2.6
Stạdtplan, der, "-e 5/5.3
Stạdtverkehr, der, * 6/1
Stạdtzentrum, das, *Pl.:*
-zentren 6/1
Stạrt, der, -s Start
Station, die, -en Stat. 1
stạttfinden 6/5.1
Stau, der, -s 5/1.1
stehen 3/3.2b
Stehlampe, die, -n 4/5.3
stẹllen, *hier:* Frạgen stẹllen
1/2.9
Stọck, der, * (*Kurzf. für*
Stockwerk) 4/1.1
Stọpp! 2/3.6
Straßenbahn, die, -en 6/1
Studẹnt/in, der/die,
-en/-nen Start 4.1
Studẹntenwohnheim, das,
-e 4/1
studieren Start 4.1
Stuhl, der, "-e 2/1.4
Stụnde, die, -n 5/3.2b
suchen Start 4.1

Süden, der, * 3/2.5
südlich von 3/2.5
Supermarkt, der, "-e Start 1.1
Suppe, die, -n ü 5/4
Symbol, das, -e Start 4.5
systematisch 2/4.5a

T

Tabelle, die, -n 1/2.6
Tafel (1), die, -n 2/1.4
Tag! (*Kurzf. von* Guten Tag!) 1/1.1d
Tag, der, -e 3/5.1
Tagesablauf, der , "-e 5/2
Talkshow, die, -s Stat. 1/3.6
Tasche, die, -n 2/1.4
Tasse, die, -n 1/4.3
Tastatur, die, -en 6/3.3
Tätigkeit, die, -en Stat. 1/1.1a
Taxi, das, *Pl.* Taxen ü 6/2
Taxizentrale, die, -n 1/4.2
Technik, die, -en Start 4.4
Tee, der, -s 1/1.1d
Telefon, das, -e Start 1.1
Telefonat, das, -e 6/4.1b
Telefonbuch, das, "-er 1/4.2
telefonieren (mit jdm) 5/3.2a
Telefonnummer, die, -n 1
Telekommunikation, die, -en 3/5.1
Temperatur, die, -en ü 1/5
Tennisball, der, "-e 2/4.4
Termin, der, -e 5
Terminkalender, der, - 6/3
Test, der, -s 2/4.5b
teuer, teurer, am teuersten 4/1.1
Text, der, -e Start 4.1
Theater, das, - 2/4.5b
Theaterkarte, die, -n 6/3.4
Thema, das, *Pl.:* Themen 0/5.1
Tipp, der, -s 6/5.1
Tisch, der, -e 2/1.4
Toilette, die, -n 4/4.3a
Ton, der, "-e Start 1.3
Tourismus, der, * Start 4.4
Tourist, der, -en Start.1.1
Tradition, die -en 6/5.1
tragen 1/4.6
trainieren 1/2

Transport, der, -e Start 3.4
Traum, der, "-e 4/4.4a
Traumwohnung, die, -en 4/4.4
Treffen, das, - 1/1
treffen 5/4.1
Trekkingtour, die, -en Stat. 3/1.3
trennbar 5
Treppenhaus, das, "-er 4/8.1
trinken 1/1.1d
*Tschechisch, das, *** 3/4.3
tschüss 5/4.2
Tür, die, -en 2/2.1
Turm, der, "-e 3/1.1
TV, das, -s Start 3.4

U

U-Bahn, die, -en 6/1.4
üben 1/1.1d
über 3/5.1
über (über 200 Millionen) 1/4.6
Übung, die, -en 2/4.5b
Übungszeit, die, -en 5/7.1
Ufer, das, - Start 4.5
Uhr, die, -en 5/1.5
Uhrzeit, die, -en 5
um 5/2.1
Umgangssprache, die, -n 5/1.2
Umlaut, der, -e 2
Umzug, der, "-e 4/7
umziehen Stat. 1/3.2
*Umzugschaos, das, *** 4/7.1
Umzugskarton, der, -s 4/7.1
und Start
Uni-Klinik, die, -en ü 6/1
Universität, die, -en Start 4.1
unser, unser, unsere 4/1.1
unten 6/2.1
unter 6
Unterricht, der, * Stat. 1/1.1b
Unterschied, der, -e 3/2.3
unterschiedlich 1/4.6
unterstreichen Stat. 1/3.2c

V

Variante, die, -n 2/3.3
Vase, die, -n 4/3.1
verabreden 5
Verabredung, die, -en 5/4

Verabschiedung, die, -en Stat. 1/2.1
Verbindung, die, -en 1/2.6
verbinden ü 1/2
verboten (sein) 4/8.1
vergessen 5/5.3
vergleichen 3/3.2a
verheiratet (mit) 2/5.1
Verkehr, der, * 3/5.1
Verkehrsmittel, das, - 6
Verlag, der, -e 6/1.1
Verlagshaus, das, "-er 6/1
Verlagskaufmann/frau, der/die, "-er/-en 6/1
Verneinung, die, -en 2
verschieden 4/6.1
Verspätung, die, -en 5
verstehen Start
Vertriebsleiter/in, der/die, -/-nen 6/2.7
verwenden 1/4
Video, das, -s 4/7.1
Videorekorder, der, - 2/1.4
viel, mehr, am meisten 4/2.2b
viele 3/5.1
Viele Grüße ... 4/7.1
Viertel nach 5/1.2
Viertel vor 5/1.2
Viertelstunde, die, -n 6/1
Violine, die, -n Start 4.1
Visum, das, *Pl.:* Visa 5/2.6
Volkshochschule, die, -n 2/5.1
voll 4/8.1
von (jdm) 5/2.5
von ... nach Start 4.1
vor 6
vorbereiten 5/2.5
vorher Start 4.1
Vorname, der, -n Start 3.8
vorschlagen 5/5.1b
vorstellen (sich) Start
Vorstellung, die, -en Start 2.9
Vorwahl, die, -en ü 1/7

W

Wand, die, "-e 6/3.1
wann 5
warm, wärmer, am wärmsten 1/4.3

warten 5/5.3

was Start 1.1

was für ein ... 4/2.2b

Waschbecken, das, - 4/6.1

Waschmaschine, die, -n 4/7.1

Wasser, das, - 1/4.5

wechseln 3/4.3

Wecker, der, - 5/5.3

Weg, der, -e 6

Wein, der, -e ü 3/8

weiter 4/4.4b

weitergeben 4/4.4b

Welt, die, -en 6/5.1

weltbekannt Stat. 1/4.1

wenn 6/5.1

wer Start 2.1

Werbung, die, * 6/2.2

Westen, der, * 3/2.5

wichtig 1/4.2

wie Start 1.2

Wie bitte? 2/1.2

Wie geht's? 3/2.1

wie viel 5/1.5

wiederholen 2/1

*Wintersport, der, * * Stat. 1/5.1c

wirklich 4/2.2b

wo Start 1.3

Woche, die, -n 5/3.1b

Wochentag, der, -e 5

woher Start 2.1

wohnen Start 2.5

Wohnform, die, -en 4/8.1

Wohnung, die, -en 4

Wohnzimmer, das, - 4/2.1

Wort, das, "-er Start

Wortakzent, der, -e Start

Wörterbuch, das, "- er 2

Wörterliste, die, -n 2/2.2

Wörternetz, das, -e 4/6.1

Wortfeld, das, -er 6/1

Wortkarte, die, -n 4/6.1

Wortschatz, der 4

worüber 3/1.2

Y

*Yoga, das, * * ü 5/10

Z

Zahl, die, -en 1

zahlen 1/4.3

zählen 1/3

zählen zu (+ Akk.) 6/5.1

Zahlenlotto, das, -s 1/3.5

Zahlungsmittel, das, - 1/4.6

Zahnarzt/-ärztin, der/die, "-e/-nen 5/5.1b

zeichnen 2/4.2

Zeichnung, die, -en 4/2.2a

zeigen 3/1.5

Zeit, die, -en 5

Zeitangabe, die, -n 5

Zeitplan, der, "-e 5/7

Zeitung, die, -en Start 4.4

zentral 4/7.1

Zettel, der, - 4/6.1

ziemlich 4/1.1

Zimmer, das, - 4/1

Zirkus, der, -se 5/4.1

Zoo, der, -s 5/4.3

zu 4

zur 3/5.1

zu Fuß gehen 6/1.4

zu Hause 4/5.1b

zu zweit 5/2.1

zuerst 1/3.6

Zug, der, "-e 5/5.3

zuordnen Start 2.6

zurück Start 4.1

zusammen 1/4.3

zusammengehören Start 1.1

zusammengesetzt 4

zustimmen 5/5.1b

zweimal 5/2.5

zwischen 3/5.1

Hörtexte

Hier finden Sie alle Hörtexte, die nicht oder nicht komplett in den Einheiten und Übungen abgedruckt sind.

1 3

Meine Damen und Herren, vor uns das Brandenburger Tor, ein Symbol für Berlin, links das Parlament, das Reichstagsgebäude. Rechts das neue Hotel Adlon. Wir sind jetzt auf der Straße ...

Firma Intershop, guten Morgen. Hallo, Nadine. Hi, Claudia, wie geht's?

5,30 Euro bitte. – Unser Tipp heute: marokkanische Orangen, das Kilo 3,20 Euro. Bananen, das Kilo 2,80 Euro. Kiwis aus Neuseeland, 20 Cent pro Stück.

Herr Weimann bitte zum Lufthansaschalter. Es liegt eine Information für Sie vor.
Mr. Weimann please contact the Lufthansa Counter, there's a message for you.

Lufthansa Flug LH 349 nach Zürich, wir bitten die Passagiere zum Ausgang.
Lufthansa flight LH 349 to Zurich now ready for boarding.

1 4

Sprecher 1 kommt aus Italien.
Sprecher 2 kommt aus Russland.
Sprecher 3 kommt aus Deutschland.
Sprecher 4 kommt aus China.

2 2

+ Wie ist Ihr Name?
– Hallo, mein Name ist Cem Gül.
+ Und woher kommen Sie?
– Aus der Türkei.
+ Und wie heißen Sie?
– Mein Name ist Ana Sánchez. Ich komme aus Chile.
+ Und wer ist das?
– Das ist Herr Tang. Er ist aus China.

3 3

1. Graz – 2. Hamburg – 3. Bern – 4. Berlin – 5. Frankfurt – 6. Wien – 7. Genf – 8. Lugano

3 5

1. + Goethe-Institut München. Grüß Gott.
   – Guten Tag. Kann ich bitte Herrn Benz sprechen?
   + Bitte wen? Krenz?
   – Nein, Herrn Benz, B-E-N-Z.
2. + Heier.
   – Guten Morgen, ist dort die Firma Mayer mit A-Y?
   + Nein, hier ist Heier. H-E-I-E-R.
   – Oh, Entschuldigung ...

3. + Hotel Astron, guten Morgen.
   – Guten Tag. Hier ist Sundaram. Ich möchte ein Zimmer reservieren.
   + Entschuldigung, wie heißen Sie? Buchstabieren Sie bitte.
   – S-U-N-D-A-R-A-M.

Café d

2 3

+ Hallo, ich heiße Monika.
– Ich bin Katja. Das ist Samira.
+ Woher kommen Sie?
– Aus Deutschland. Ich wohne jetzt in Berlin.
+ Was möchtest Du trinken?
– Zwei Kaffee, bitte.

3 2

neun – elf – sieben – drei – sechs – acht

3 4

einhundert, zweihundert, dreihundert, vierhundert, fünfhundert, sechshundert, siebenhundert, achthundert, neunhundert, eintausend

3 5

4, 17, 29, 32, 33, 45, Zusatzzahl: 9

3 6

23, 1, 49, 33, 43, 50, 45, 25, 31, 12, 37, 11, 3, 4, 44, 29, 30, 13, 2, 38, 39, 40, 20, 19, 9, 18, 26, 42, 28, 46, 8, 47, 35, 41, 7, 36, 17, 5, 27, 15, 21, 48, 32, 16, 6, 22, 14, 24, 10, 34

4 1

1. + Ich habe jetzt ein Handy.
   – Aha, wie ist die Nummer?
   + 0171-235 53 17.
2. + Becker.
   – Becker? Ich habe 73 49 87 55 gewählt!
   + Ich habe die 73 49 87 52.
   – Oh, Entschuldigung, falsch verbunden!
3. + ... aha, und wie ist Ihre Telefonnummer?
   – Das ist die 0341-804 33 08.
   + Ah, die 0341-804 33 08 ...
4. + Telekom Auskunft, Platz 23.
   – Hallo, ich hätte gern die Nummer von Wilfried Otto in Königshofen.
   + Die Nummer kommt: 03423-23 26 88. Ich wiederhole: 03423-23 26 88.

4 3

Dialog 1

Frau Schiller: Oh, der Kurs beginnt. Zahlen bitte!
Bedienung: Drei Eistee? Das macht zusammen 5,70 Euro.
Marina: Und getrennt?
Bedienung: 1,90 Euro bitte.

Dialog 2

Julian: Ich möchte zahlen, bitte! Was kostet der Cappuccino?
Bedienung: 1,60 Euro.
Julian: 1,60 Euro, hier bitte.
Bedienung: Danke. Auf Wiedersehen.

Dialog 3

Katja: Ich möchte bitte zahlen!
Bedienung: Zwei Cola und zwei Wasser, zusammen oder getrennt?
Katja: Zusammen bitte.
Bedienung: Also, zwei Cola, das sind 3 Euro und zwei Wasser à 1,40 Euro. Macht zusammen, Moment: 5,80, bitte.
Katja: Hier bitte. Tschüss.
Bedienung: Auf Wiedersehen.

4 4

Entschuldigung, ist hier frei? – Was möchten Sie trinken? / Was möchtest du trinken? – Kaffee oder Tee? – Was nehmen Sie? Was trinken Sie? – Zwei Kaffee, bitte!

Ü 5

Und nun die Temperaturen in Deutschland am Freitag: Kiel 18 Grad, Rostock 20 Grad, Hamburg 19 Grad, Hannover 20 Grad, Berlin 21 Grad, Köln 21 Grad, Dresden 22 Grad, Frankfurt am Main 23 Grad, Stuttgart 25 Grad, München 24 Grad, Jena 21 Grad. Es folgt die Reisewettervorhersage für Europa ...

Ü 6

1. dreiundzwanzig – 2. achtundzwanzig – 3. siebenunddreißig – 4. dreiunddreißig – 5. fünfundvierzig – 6. einundvierzig – 7. neunundachtzig – 8. fünfzig

Ü 7

1. – Wie ist die Telefonnummer von Siemens in Singapur, bitte?
   + 68 35 48 17.
   – Und die Vorwahl von Singapur?
   + 65.
2. – Die Vorwahl von Namibia, bitte.
   + Namibia? Moment, das ist die 264.
3. Die Faxnummer vom Hotel Borg in Island? Einen Moment. ... 55 11 42 8. Und 354 für Island.
4. – Die Nummer von AVIS in Buenos Aires, bitte.
   + Ja, die Nummer ist 11-4480-9387. Und 54 für Argentinien.

Ü 12

+ Ja, bitte?
– Wir möchten bitte zahlen.
+ Zusammen oder getrennt?
– Zusammen, bitte.
+ Zwei Kaffee und zwei Stück Kuchen, das macht 7,80 Euro.
– Bitte.
+ Danke. Auf Wiedersehen.
– Auf Wiedersehen!

2 Im Sprachkurs

4 2

+ Was ist denn das?
– Das? Rate mal!
+ Ein Mann?
– Nein, falsch. Guck mal jetzt!
+ Eine Frau?
– Ja, schon besser.
+ Eine Lehrerin?
– Ja, richtig! Und was ist das?
+ Ahhh, eine Lehrerin und ein Buch. Hey, das ist ja Frau Schiller, die Deutschlehrerin!

3 Städte – Länder – Sprachen

1 2

+ Was ist das?
– Das ist der Prater.
+ Und wo ist das?
– In Wien.
+ Aha, und in welchem Land ist das?
– Wien ist in Österreich.

Ü 3

1. Frank kommt aus Interlaken.
   + Wo ist denn das? – Interlaken ist in der Schweiz.
2. Swetlana kommt aus Bratislava.
   + Wo ist denn das? – Bratislava ist in der Slowakei.
3. Mike kommt aus San Diego.
   + Wo ist denn das? – San Diego ist in den USA.
4. Stefanie kommt aus Koblenz.
   + Wo ist denn das? – Koblenz ist in Deutschland.
5. Nilgün kommt aus Izmir.
   + Wo ist denn das? – Izmir ist in der Türkei.

Ü 6

Carmen: Entschuldigung, ist hier frei?
Antek: Ja, bitte. Sind Sie auch im Deutschkurs?
Carmen: Ja. Sagen wir „du"?
Antek: Okay, woher kommst du?
Carmen: Ich komme aus España.
Antek: Ach, aus Spanien.
Carmen: Ja, ... aus Spanien. Warst du schon mal in Spanien?
Antek: Ja, ich war in Madrid und Sevilla. Und woher kommst du?
Carmen: Aus Córdoba.
Antek: Das kenne ich nicht. Wo liegt das?
Carmen: Südwestlich von Madrid. Trinkst du auch Kaffee?
Antek: Ja, gern. – Zwei Kaffee, bitte!

4 Menschen und Häuser

Ü2

Makler: Die Wohnung hat vier Zimmer, Küche, Bad, Toilette und Balkon. Rechts und links sind Kinderzimmer. Die Küche und das Bad haben kein Fenster. Das Wohnzimmer ist sehr groß. Das Wohnzimmer und das Schlafzimmer haben eine Tür zum Balkon. Das Bad ist leider klein. Die Wohnung kostet nur 500 Euro.

Ü9

1. die Treppe und das Haus: das Treppenhaus
2. die Kinder und das Zimmer: das Kinderzimmer
3. der Fuß und der Ball: der Fußball
4. das Telefon und das Buch: das Telefonbuch

Ü11

Ich wohne im Studentenwohnheim. Mein Zimmer ist nicht groß. Hier ist die Tür. Links steht ein Bücherregal. Daneben stehen ein Tisch und ein Sessel. Der Tisch ist sehr klein. Rechts steht mein Bett. Mein Fenster ist sehr groß, deshalb ist mein Zimmer schön hell. Der Schreibtisch und der Schreibtischstuhl stehen vor dem Fenster. Mein Zimmer hat keinen Balkon. Aber es ist auch nicht teuer.

Station 1

2 5

In der Fußballbundesliga spielten der Hamburger Sportverein gegen den VfL Wolfsburg 1 zu 3, der 1. FC Kaiserslautern schlägt den 1. FC Köln 2 zu 1, Bayern München gegen Mainz 0 zu 5. Borussia Dortmund gegen Bayer Leverkusen 3 zu 2, Hannover 96 gegen Borussia Mönchengladbach 0 zu 0, Hansa Rostock gegen Arminia Bielefeld 3 zu 3, 1. FC Nürnberg gegen Werder Bremen 0 zu 2 und der Freiburger SC schlägt den VfB Stuttgart 6 zu 1.

3 5

Hier ist der Deutschlandfunk. An unserem Hörspielabend hören Sie *Schöne Grüße*, ein Hörspiel aus Dänemark. Es folgt um 21 Uhr *Das Küchenduell,* eine französische Dokumentation und danach das *Städtegespräch aus Wien,* eine österreichische Talkshow. Um 23 Uhr folgt *Das schöne Mädchen,* ein tschechisches Märchen. Gute Unterhaltung.

5 Termine

1 3

Es ist acht Uhr. – Es ist halb drei. – Es ist Viertel nach neun. – Es ist fünf nach zehn. – Es ist kurz vor zwölf.

1 4

Nachrichten ... 14.40 Uhr, die Vereinten Nationen schließen auch über eine Woche nach der Flutkatastrophe in Südasien nicht aus ...

... und davor Jean Paul zusammen mit Sasha: „I'm still in love with you." Gleich zehn vor drei, Fritz B hier, jetzt mit Christina Aguilera und Missy Elliot. „Carwash" ...

10.40 Uhr. Und das Wetter von Berlin und Brandenburg: die Temperaturen zur Stunde sechs bis neun Grad, bis zum Abend stark bewölkt ...

15.35 Uhr. Inforadio. Wirtschaft und Börse kompakt.

2 5

Hier ist die Praxis von Dr. Glas. Unsere Sprechzeit ist Montag, Dienstag und Donnerstag von 9 bis 13 Uhr und 17 bis 19 Uhr. Am Mittwoch von 8 bis 12 Uhr. Freitag von 9 bis 14 Uhr. Am Samstag haben wir keine Sprechstunde. Vielen Dank für Ihren Anruf.

5 1

+ Haben Sie einen Termin frei?
– Geht es am Freitag um 9.30 Uhr?
+ Ja, das geht.

+ Gehen wir am Freitag ins Kino?
– Am Freitagabend kann ich leider nicht, aber am Samstag.

+ Können Sie am Freitag um halb zehn?
– Ja, das ist gut.

+ Treffen wir uns am Montag um acht?
– Um acht geht es leider nicht, aber um neun.

5 2

Düsseldorf – Tübingen – Dortmund – Dresden – Timmendorf – Dessau

5 4

Entschuldigung, aber ich hatte keine Uhr!
Entschuldigen Sie, ich komme zu spät. Mein Zug hatte Verspätung.
Tut mir leid, mein Auto war kaputt.
Tut mir leid, ich habe den Termin vergessen.

Ü3

1. – Entschuldigung, wie spät ist es?
   + Es ist jetzt zwanzig nach vier.
2. Warte – ich notiere den Termin. Morgen Nachmittag, um halb drei.
3. Es ist neun Uhr.
4. Beim nächsten Ton ist es sieben Uhr, vier Minuten und dreißig Sekunden.
5. Achtung am Gleis drei! Intercity Express 10 65 aus Hamburg nach München, planmäßige Abfahrt 17.26 Uhr, wird heute voraussichtlich zehn Minuten später eintreffen. Ich wiederhole: der ICE 10 65 hat voraussichtlich zehn Minuten Verspätung!
6. 14.28 Uhr, WDR 3, Radiodienst. Meldungen über Verkehrsstörungen liegen uns nicht vor.

+ Praxis Dr. Glas.
– Albertini, ich hätte gern einen Termin.
+ Waren Sie schon einmal hier?
– Äh, nein.
+ Welche Krankenkasse haben Sie?
– Die AOK. Wann geht es denn?
+ Moment, nächste Woche Montag, um 9.30 Uhr?
– Hm, da kann ich nicht. Geht es auch um 15 Uhr?
– Ja, das geht auch. Also, am Montag um 15 Uhr.
  Auf Wiederhören.
+ Auf Wiederhören.

6 Orientierung

1 3

Ich heiße Marco Sommer und bin Verlagskaufmann.
Ich wohne in Gohlis und arbeite bei der Leipziger
Volkszeitung im Verlagshaus am Peterssteinweg. Ich
fahre *die fünf Kilometer* mit dem Rad. Ich brauche
eine Viertelstunde.

Ich bin Monica Ventura und wohne in Markkleeberg, *im Süden von Leipzig.* Ich arbeite bei der
Commerzbank am Thomaskirchplatz. Ich fahre
zehn Minuten mit der Straßenbahn.

Ich bin Birgit Schäfer und wohne in Schkeuditz.
Das ist westlich von Leipzig. Ich arbeite bei ALDI
am Leipziger Hauptbahnhof. Ich fahre eine halbe
Stunde mit dem Zug.

Ich heiße Alexander Novak und wohne in Grünau.
Ich arbeite in einer Buchhandlung im Stadtzentrum.
Ich brauche im Stadtverkehr 20 Minuten mit dem
Auto. *Aber es ist oft Stau.*

3 4

Paul: Paula, wo ist denn bloß der Autoschlüssel?
Paula: Keine Ahnung ...! Vielleicht neben dem
         Telefon?
Paul: Und wo sind die Theaterkarten? Vor dem
         Fernseher?
Paula: Ja, genau! Paul, wo ist denn nur die Brille?
Paul: Schau mal in der Handtasche nach!
Paula: Und wo ist die Handtasche?
Paul: Auf dem Sofa!

4 1

Erstes Telefonat
– Hallo, Herr Sommer, hier Peter Rosner.
+ Guten Tag, Herr Rosner!
– Können wir uns im Dezember noch zu einer
   Beratung treffen?
+ Ja, sicher. Wann geht es bei Ihnen?
– Gleich am Montag, am 27.12. um neun Uhr?
+ Tut mir Leid, da hab' ich schon einen Termin. Aber
   am Dienstag, am 28. um neun Uhr geht es bei mir.
– Prima, das geht bei mir auch.
+ Okay, dann bis zum 28.!
– Danke, bis dann!

4 2

Zweites Telefonat
– Hallo Herr Sommer, hier Wenske.
+ Hallo Frau Wenske!
– Herr Sommer, wir müssen den Termin für das In-
   terview mit dem Oberbürgermeister am 30.12. ver-
   schieben. Geht es bei Ihnen am 29. um 10.30 Uhr?
+ Ja, das ist okay.
– Prima, dann streichen wir den Termin am 30.12.
   und machen das Interview mit dem OB am 29.12.,
   10.30 Uhr.
+ Alles klar, auf Wiederhören!
– Dankeschön, auf Wiederhören!

Ü 5

+ Entschuldigung, wo ist die Cafeteria?
– In der 4. Etage rechts.
+ Wo sind die Toiletten, bitte?
– Gleich hier rechts.
+ In welcher Etage ist die Personalabteilung?
– Die Personalabteilung? Moment, ... in der 4. Etage
   links.
+ Entschuldigung, wo finde ich das Sekretariat?
– Hier im Erdgeschoss links.
+ Wo ist bitte das Zimmer von Herrn Dr. Sprenger?
– Das ist das Zimmer Nr. 21, in der zweiten Etage links.
+ Entschuldigung, wo ist das Büro von Frau Stein?
– Frau Stein hat das Zimmer Nr. 32 in der dritten
   Etage rechts.

Ü 8

Dialog 1
+ Praxis Dr. Glas.
– Martens, guten Morgen. Ich hätte gern einen
   Termin.
+ Wann geht es denn?
– Am Donnerstag um acht Uhr?
+ Hm, da geht es leider nicht. Geht es am Mittwoch
   um 9.30 Uhr?
– Nein, da kann ich nicht. Da muss ich arbeiten.
+ Hm, Moment, am Dienstag um elf Uhr?
– Ja, das ist okay.

Dialog 2
+ Praxis Dr. Glas.
– Hier ist Wagner. Ich habe heute um 9.45 Uhr einen
   Termin, aber ich stehe leider im Stau. Ich bin erst
   um elf in Frankfurt. Kann ich da noch kommen?
+ Ja, das geht.

Dialog 3
+ Praxis Dr. Glas.
– Seidel, guten Morgen. Ich hätte gern heute einen
   Termin.
+ Guten Morgen, Frau Seidel. Heute um Viertel vor
   zehn geht es.
– Schön, vielen Dank.

Bildquellen

© altro, S. 85 – akg: © Otto Dix / VG-Bild-Kunst, S. 41 (unten) – © Bildagentur Huber: Leimer, S. 44 (a) – © Cinetext/Disney, S. 87 (links) – © Corbis: S. 38 (oben links, Mitte links), S. 41 (3), Antrobus S. 52 (5); Fotografia Inc., S. 52 (1); Fratelli Studio, S. 93 (b); Gipstein, S. 70 (unten links); Prinz, S. 38 (Mitte rechts); Reuters, S. 42 (unten) – © Cornelsen: Bayerlein, S. 72; Corel-Library, S. 21, S. 34 (unten rechts), S. 35 (1), S. 44 (b, c, d, e), S. 45 (oben links, unten), S. 52 (4), S. 70 (oben rechts); Funk, S. 6 (3. von oben), S. 8 (e), S. 14 (Mitte links), S. 28, S. 37, S. 58 (b), S. 80 (unten 1., 2. und 3. von links), S. 83 (f, unten), S. 91, S. 98, S. 99 (unten), S. 100, S. 104, S. 118; Hansen, S. 41 (1, 2), S. 74 (rechts), S. 75, S. 80 (unten 2., 5. von links), S. 81 (unten), S. 93 (Mitte), S. 103; Kämpf, S. 59 (e); King & Queen, S. 74 (links); Klein und Halm, U1 (unten); Loncà, S. 12 (unten); Lücking, S. 70 (unten rechts), S. 92 (1, 3, 4, 5); Martin, S. 76 (links); Schulz, S. 4 (1. 2. 3. von oben, 1. von unten), S. 6 (3. von unten), S. 8 (i), S. 15 (oben), S. 16, S. 18, S. 30, S. 34 (oben 1. und 2. von links), S. 36 (Mitte), S. 50 (unten), S. 65, S. 82 (d), S. 86 (oben), S. 88, S. 93 (unten), S. 95, S. 101, S. 102, S. 106; Werner, S. 67 (d) – © euroregio Rhein-Maas, S. 56 – © Fotex: Wandmacher, S. 6 (2. von unten) – © France Telecom: Grosjean, S. 9 (c); Saxe, S. 26 – © Getty Images: Clements, S. 14 (Mitte rechts); de Lossy, S. 11 – © Goethe Institut, S. 13, S. 36 (oben) – © illuscope, S. 6 (1. von oben), S. 38 (unten rechts), S. 58 (d) – © Mauritius: S. 36 (unten); Age, S. 66, S. 67 (c); Amengual, S. 92 (2); Beck, S. 105 (unten links); Buffington, S. 69; Ducatez, S. 68 (unten links); Gibbord, S. 51 (Mitte); Gilsdorf, S. 34 (Mitte links, unten links), S. 86 (unten); Haag + Kropp, S. 52 (3); Hermann, S. 6 (unten); Kerscher, S. 59 (c); Ley, S. 54 (rechts); Mader, S. 80 (c); Nebe, S. 9 (j); Pele, S. 82 (b); Raga, S. 80 (b); Ripoll, S. 4 (2. von unten), S. 82 (a); Shoot, S. 90; Stock 4B, S. 34 (oben 2. von rechts); Torrelló, S. 54 (oben); Weinhäupl, S. 34 (unten 2. von links); Ypps, S. 38 (unten links) – Picture-Alliance: © dpa: Fotoreport, S. 42 (oben), S. 52 (2), S. 54 (links); © ZB-Fotoreport: Lander, S. 93 (c) – © Plainpicture, S. 34 (unten 2. von rechts) – © punctum, S. 81 (oben) – © Schapowalow: Commet, S. 76 (rechts) – © Schiller Gymnasium: Pirna, S. 51 (oben) – © SNCF, S. 4 (4. von oben), S. 50 (oben) – © Stockfood: Zabert Sandmann Verlag, S. 93 (a) – © Superbild: Phanie, U1 (oben) – © Transglobe: Chederros, S. 49; Mollenhauer, S. 8 (d); Hüttermann, S. 14 (oben), S. 34 (oben 1. von rechts) – © ullstein bild: S. 4 (3. von unten), S. 67 (a, e); AP, S. 34 (Mitte rechts); Ausserhofer, S. 8 (h); Becker & Bredel, S. 14 (unten); BE & W, S. 48; Caro / Bastian, S. 107, Caro/Blume, S. 24, Caro/Jandke, S. 67 (f), Caro/Ruffer, S. 9 (f), Caro/Sorge, S. 80 (d), Caro/Westermann, S. 41 (4), S. 92 (6); Chybiak, S. 8 (b); Eckel, S. 12 (VW), S. 105 (unten Mitte); Gläser, S. 80 (a); Joker/Hick, S. 82 (c); KPA/Weber, S. 68 (oben links); Kranichphoto, S. 9 (k); Laible, S. 68 (oben rechts); Lange, S. 99 (oben), S. 105 (unten rechts); Michaelis, S. 105 (oben); Mittenzwei, S. 68 (unten rechts); Müller-Stauffenberg, S. 8 (a); Röhrbein, S. 67 (b); Sawatzki, S. 83 (e); Seitz, S. 6 (2. von oben); Schöning, S. 58 (a); Thielker, S. 46 – © Zefa: S. 38 (oben rechts), S. 93 (d)

Nicht alle Copyrightinhaber konnten ermittelt werden; deren Urheberrechte werden hiermit vorsorglich und ausdrücklich anerkannt.

Auf dieser CD für die Lerner finden Sie alle Hörtexte
zum Übungsteil.